始末のよい料理

leikoga

始末のよい料理とは

leikoga

[はじめに]

2020年、私たちの生活が一変したとき、心を支えてくれたのはSNSでした。私はときおりInstagramに好きな料理の写真を投稿することで、離れて住む家族や友人へ「元気ですよ」というメッセージを伝えていたのです。

それから5年ほどが経ち、今はわが家の食卓日記となっています。投稿は自分の料理を見直すきっかけになり、そのうちに自分の料理のコンセプトのようなものが見えてきました。

#始末のよい料理
#和洋折衷家庭料理
#家庭料理が好き
#レシピは進化するもの

この4つのハッシュタグが、私の料理の柱です。なかでもいちばん私らしい料理ってなんだろうと考えると、「始末のよい料理」なのだと思います。

「始末がいい」は関西では昔から大切にされている考え方や習慣だそうです。東京出身の私にもしっくり馴染むのは、育った環境から貰い受けた教えが、自分の食に対する基軸となっているからでしょう。祖父が僧侶だったので、私は寺院内で育ちました。仏様のお供えもののお下りものが日常的にありましたが、興味本位でひと口食べるだけ、なんてことは絶対に許されません。父母は、食べものを粗末に扱うことに厳しい人たちでした。

だからなのでしょうか、私にとって、

・食材を無駄にすることなく、最後まで食べ尽くすこと
・野菜のヘタや皮までもおいしく生かして料理すること

は生涯の課題です。食べものが口に入るまでに関わったすべてのこと、人に「ありがとう」の気持ちを持ちたいと思っています。

素材の端切れや残りものを使っておいしい料理を作れたらうれしいし、それを誰かに褒められたときは温かな達成感を感じます。食べものを残さず、廃棄せず、大切に扱うこと。これは決してケチでも貧しいことでもありません。むしろ喜びや感謝の気持ちに溢れた、豊かな生活だと思います。

日々の献立は、メニューを見て材料を揃えるのではなく、今ある材料で何を作ろうかと考えています。それは私にとって毎日のトレーニングであり、ある種、ゲーム感覚で楽しんでいるのかもしれません。冷蔵庫が空っぽになるまで買い出しをしないでいると、眠っていた在庫の整理も上手になります。思いつき料理には失敗もたくさんありますが、失敗からリカバリー方法を見つけることも、レシピを丸暗記するより楽しい。そんな思考パターンを繰り返すうちに、自然と素材を使い切ることがうまくできるようになりました。

「始末のよい料理」をモットーにすると、毎日が刺激的で革新的で面白くなるのです。そんな私のやり方が、みなさまの日々の食卓の役に立つならば、こんなにうれしいことはありません。

［目次］

p.1 アメリケーヌソースのリゾット

2人分のリゾットを作るには、米1合をにんにくオイル（p.56）で炒め、海鮮だし（p.107）250㎖を水500㎖でのばしたものを少し加えて混ぜる。水分が米に吸収されたらさらに同様の作業を繰り返す。米に火が通ったら塩で味を調え、パルミジャーノ・レッジャーノを削りかける。

この本の決まり

◎大さじ1は15mℓ、小さじ1は5mℓです。
◎米1合は、炊飯器についているカップ（180mℓ）1杯分です。
◎特に表記のない場合、醤油は濃口醤油、
小麦粉は強力粉を使用しています。
◎オーブンは指定の温度に予熱してください。
◎野菜ブイヨンの素（顆粒）は、〈スカイ・フード〉の
「四季彩々 欧風だし」を使用しています。
◎鶏スープは「濃厚丸どりだしDX」（p.6）を使用しています。
鶏の下処理で出たスジや脂、皮などで
スープを取ることも（p.105を参照）。
◎中華だしは〈オーサワジャパン〉の
「オーサワの中華だし」を使用しています。
◎材料内のにんにくオイル（p.56）は、
生のみじん切りと油に代えても作れます。

撮影_鈴木泰介　スタイリング_駒井京子　調理補助_三好弥生　好美絵美　梅野知代
デザイン_千葉佳子（kasi）　DTP_山本秀一、山本深雪（G-clef）　校正_文字工房 燦光
編集_藤井志織　杉浦麻子（KADOKAWA）

ストックが切れたら困ります

1.
カステル・ディ・レゴ・オーロ
エキストラバージン・オリーブオイル

サラダや仕上げにかけるなど、フレッシュな風味が欲しいときはこちらのEXVオリーブ油を使っています。〈小川正見＆Co.〉という会社が輸入しているシチリアのものですが、私はこの会社が取り扱っているものを大信頼しているのです。何を買ってもおいしい。炒めるなど加熱するときはもっと安価なものを、と使い分けています。

2.
コンディメント・
アグロドルチェ・ビアンコ

魚介類のマリネなどによく使うホワイトバルサミコ酢も、〈小川正見＆Co.〉が輸入しているものを選んでいます。一般的な黒っぽい色のバルサミコ酢と違い、白ぶどうの濃縮果汁と白ワインビネガーを合わせた淡い色合い。ぶどうの風味と甘酸っぱい味わいが特徴です。

3.
意麺《イーメン》

アヒルの卵を使った台湾の小麦麺で、コシがあってツルツルとした独特の食感がやみつきになります。台湾に行くたびに買っているのですが、日本でも通販で買えるようになって、便利になりました。本書ではp.12の台湾風混ぜそばに使っています。p.94のような煮込み麺には、〈八幡製麺所〉の伊府麺（イーフー麺）を使っています。

4.
全蛋麺《たまご》

和え麺や炒め麺などに使うのは、〈皇膳房〉のたまご麺。小麦粉に全卵と水を練り合わせて作られた香港の乾麺で、歯切れがよく風味が豊か。一度蒸してから乾燥させているので、すぐにゆで上がります。極細で切れやすいので、ゆでるときはお湯に入れて30秒ほど触らないのがコツ。本書では、p.93の香港炒麺に使っています。

5.
濃厚丸どりだしDX

鶏肉を下処理したときに取り除いた皮やスジ、鶏ガラなどでスープをとることもありますが、市販品を常備しておくといつでも使えて便利です。私は〈日本スープ〉という会社のものを、長年取り寄せています。食品添加物無添加、酵母エキス不使用のスープストックで、1～3倍に希釈して使います。常温で保管できるので、20袋入りの1セットを定期的に購入しています。

かゆいところに手が届く、わが家の必須調理道具

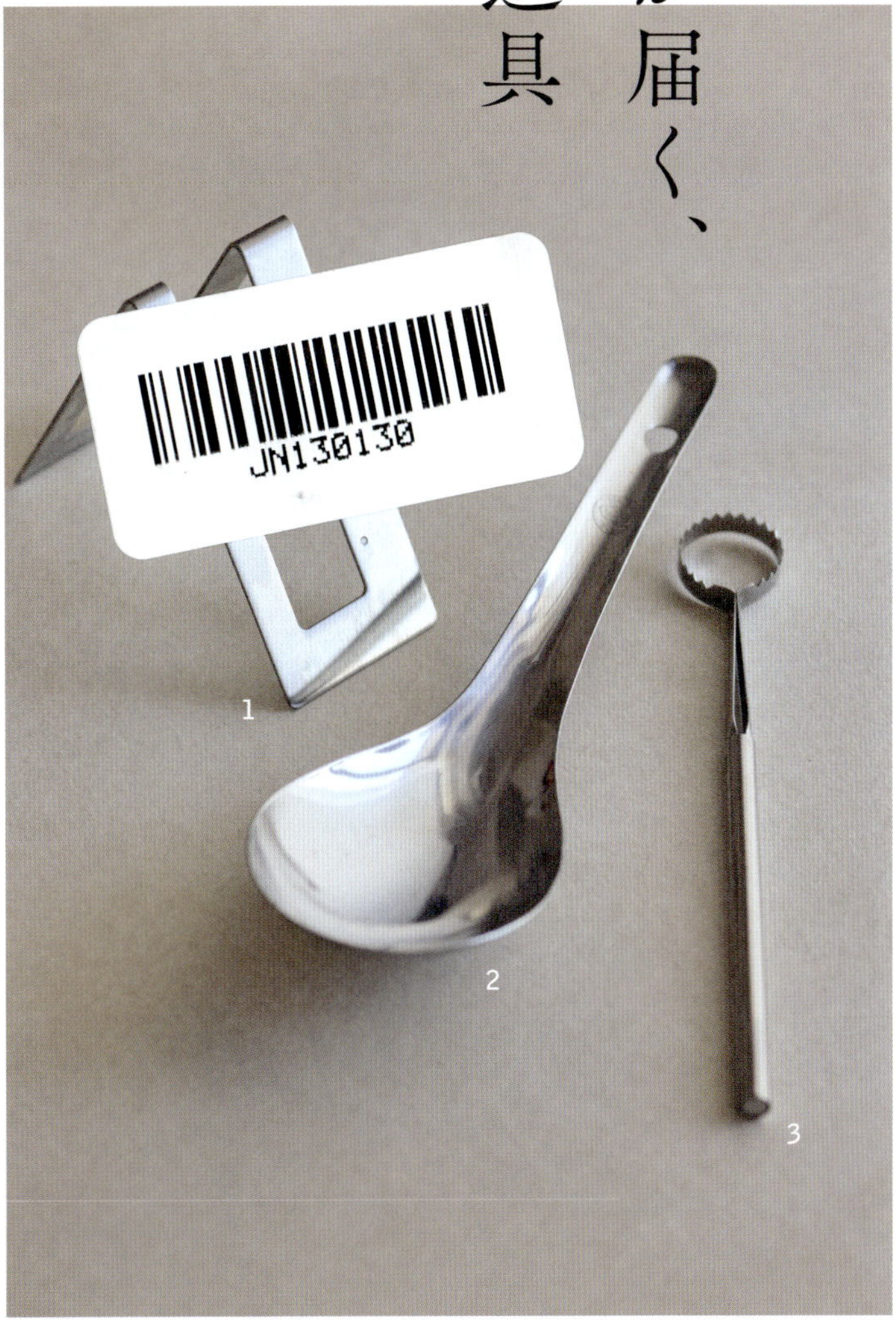

1.
パスタメジャー

乾燥パスタの計量に便利なパスタメジャー。穴に入れて量るタイプのものが多いなかで、こちらはシンプルでコンパクトな形も気に入っています。パスタを上からのせるだけで、50gずつ(0.5〜3人分)量れます。量ったあとはお湯が沸くまでそのまま置いておくこともでき、丸洗いできるのもいいところ。〈家事問屋〉のもの。

2.
大きなレンゲ

混ぜたり炒めたりよそったり、とにかく便利なステンレス製の大きなレンゲ。薄さと軽さがポイントで、炒飯や汁けの多いおかずなども扱いやすく、本当に重宝します。つい手が伸びるので、こればかり使っています。台湾で購入していますが、「金魚印」で調べるとオンラインで見つかることも。

3.
卵溶き

卵をなめらかに溶くことができる専用の道具。軽い力で卵白を切ることができるので、泡立てることなくなめらかに混ぜられるのです。卵の殻が入ってしまっても、ギザギザになっている部分で簡単にすくえます。〈EAトCO〉のTokuという商品。

ひと粒で二度おいしい 二毛作料理

どうせ料理するなら、多めに作ってストックしておこうと思うのが私のクセ。二人暮らしで一度に食べる量は知れたものですが、残りを小分けにして冷凍しておけば、必ずや数日後の自分に感謝されるはず。急いでいるとき、忙しいとき、疲れているときも、冷蔵庫に途中まで仕上げた料理があればぐっと気がラクになるのですから。こうした作り置きして展開できる料理を、私は「ひと粒で二度おいしい　二毛作料理」と呼んでいます。合わせて「これがあれば、簡単料理も抜群においしくなる！」という自家製調味料もご紹介しています。騙されたと思って、ぜひ一度作ってみてください。

広東風焼《チャー》豚《シュー》

材料（作りやすい分量）

・

豚肩ロース肉（塊）…500g
塩・砂糖…各5g

漬けダレ

- 長ねぎの青い部分…1本分
- 生姜…1片
- にんにく…1片
- 醤油…40㎖
- 砂糖…70g
- 甜麺醤…大さじ1
- 腐乳（塩麹または味噌でも可）…大さじ1
- ごま油…小さじ2

はちみつ…大さじ1と1/2

1. 豚肩ロース肉は2～2.5㎝厚さの均等幅に二等分する。竹串を数カ所に刺してから、塩と砂糖をすり込む。

2. 漬けダレの長ねぎ、生姜、にんにくをヘラでつぶし、残りの材料と合わせてポリ袋に入れ、袋を揉んでよく混ぜる。**1**を加えて空気を抜き、冷蔵庫で半日～1日漬ける。

3. オーブンの天板にオーブンシートを敷いて金網を置き、漬け込んだ肉をのせる。200℃に予熱したオーブンで10分焼いてからはちみつをはけで塗り、裏に返してさらに10分焼く。竹串を刺して透明の肉汁が出れば焼き上がり。肉汁がにごっていたら、180℃に下げてさらに2～3分焼く。

たっぷり焼いたはずなのに、いつも食べ切るスピードはかなりのもの。だって冷め切る前のほんのり温かい焼豚は、このうえなくジューシーで、危険なほどおいしいのです。スライスして粉山椒やマスタードをつけてもいいし、叩ききゅうりと一緒に冷たいビールも最高。大豆の八角煮とトマトを添えるのもいいし、夫はご飯にのせて、少し煮詰めた漬けダレをかけた焼豚丼が大好き。

そして焼き上がった広東風焼豚を食べているそばから、〆の麺を所望する夫（笑）。温かいうちがいちばんおいしいとわかっているので、（ちょっと面倒ではありますが）快く引き受けます。「めちゃ旨だね！」と大喜びの夫。台湾風にしたいときは、バジルや花椒（ホワジャオ）を入れたごまダレで和えて、叩ききゅうりをのせます。あれば、馬告（マーガオ）や麻辣醤を加えると、さらに本格的。もっと簡易な長ねぎと焼豚の和えそばにするときは、ゆでた中華麺を冷水で洗ってかるくぬめりを取り、ごま油少々と酢、塩、醤油で下味をつけ、焼豚と刻んだねぎをのせます。花椒粉を振り、熱々に熱したごま油をジャーッとまわしかければ完成。もちろんみなさまは、焼豚を作った翌日以降のメニューにどうぞ。

焼き時間は20分ほどなので、暑い夏でも気軽に作れる。翌日以降に食べるときは、常温に戻してからトースターでさっと焼くか、アルミホイルに包んで180℃のオーブンで3～4分焼けば、できたてと同じ味が楽しめる。

豚肩ロースの塊は、同じサイズに切り揃えてから下味をつけるのがコツ。

台湾風混ぜそば

◎バジルがなければパクチーでも青じそでもOK

材料（2人分）

・

広東風焼豚のスライス…8～10枚

中華麺…2玉

※台湾の意麺（p.6）なら4玉。
タリアテッレなら100g

きゅうり…1本

バジルの葉…約10枚

山椒油（p.50／ごま油でも可）…小さじ2

塩…適量

和えダレ

- バジルの葉…20枚
- 花椒…6粒
- 練りごま…大さじ2
- 辣油・砂糖…各小さじ1と1/2
- 米油…大さじ3
- りんご酢・水…各小さじ2
- 醤油…大さじ1と1/2
- 塩…ひとつまみ

1. 和えダレを作る。バジルの葉をすり鉢ですりつぶし、花椒も加えてすりつぶす。残りの材料をすべて加え、よく混ぜ合わせる。

2. きゅうりに塩をまぶして板ずりし、しばらく置いてしんなりしたら塩を洗い流す。水気を拭き取り、すりこぎで叩いてひびを入れてから、食べやすい大きさに切る。

3. 鍋にたっぷりの湯を沸かし、袋の表記どおりに麺をゆでる。ザルに上げて流水で洗い、水気をよく切る。

4. 山椒油をまぶし、和えダレをかけて混ぜる。器に盛り、**2**と焼豚、バジルの葉をのせる。好みで麻辣醤や馬告をかけても。

広東風焼豚のパイナップルソース

◎エキゾチックな味わいのソースがよく合います

冷蔵庫から出して常温に戻した焼豚1本をスライスし、パイナップル80gとミント適量を刻み、ナンプラー少々を混ぜたソースをかけるだけ。甘酸っぱく爽やかなソースが、焼豚の味を引き立てます。あれば、馬告をかけると、ぐっと本格的な味わいに。

おだしの牛すじ

材料（作りやすい分量）

・

牛すじ…500g
長ねぎの青い部分…1本分
生姜（薄切り）…2片
塩…小さじ2

1. 沸騰した湯に牛すじを入れ、煮立って灰汁が出たらざっと取り除く。ザルに上げ、流水で洗う。

2. 圧力鍋に1と長ねぎ、生姜、水1ℓを入れて蓋をし、強火にかけて40分ほど煮る。牛すじが柔らかくなったら長ねぎと生姜を取り除き、塩を加えて冷ます。冷蔵庫に入れてひと晩置く。

3. 余分な脂が表面に固まるので、取り除く（脂を残す塩梅はお好みで）。このまま冷蔵庫で3～4日間保存できる。

おだしの牛すじ大根

◎あっさりかつ深い味わいがたまりません

材料（2人分）

・

おだしの牛すじの肉…250g
おだしの牛すじの煮汁…500mℓ
昆布…8㎝角1枚
鰹節…15g
大根…1/4～1/3本
こんにゃく…200g
酒…大さじ1
塩…小さじ1/2
薄口醤油…小さじ1と1/2
長ねぎ（小口切り）…5㎝

1. 鍋におだしの牛すじの煮汁と昆布を入れ、中火にかける。沸騰前に昆布を取り出し、鰹節を加える。沸騰したら1分ほどで火を止め、そのまま2～3分置いてからザルなどで漉す。

2. 大根は1㎝厚さのいちょう切りに、こんにゃくは下ゆでしてから大根と同じサイズに切る。

3. 鍋に1と2、おだしの牛すじの肉と酒を入れて火にかけ、大根が柔らかくなるまで煮る。塩と薄口醤油で調味し、器に盛って水にさらした長ねぎをのせ、好みで七味唐辛子を振る。

わが家の牛すじ大根は、濃いめのおだしと酒、塩、薄口醤油だけで作るあっさり味。牛すじは調理が手間ですが、圧力鍋があれば長時間ことこと煮込まなくてもホロホロになります。たっぷり仕込んでおけば、牛すじ大根も牛すじカレーも手軽。

うちでは、この仕込みの段階で水分多めにします。透き通っただしはスープ代わりにもなるし、白いご飯にかけて食べても美味。白ワインともよく合います。醤油とみりんを足して七味を振ったのを豆腐やご飯にかけるのもおすすめ。ひと晩置いた下煮の表面に固まった脂には、牛の旨みがたっぷり。冷凍しておくとカレーや煮物のコク出しに重宝します。

時間がないときは、牛すじの代わりに牛こま肉を使うことも。一度ゆでこぼすだけで使えるので、ぐっと手軽です。

— 牛すじカレー

◎自画自賛ですが最上級のおいしさです

1. 鍋にバターを溶かして玉ねぎを入れ、しんなりしたらAを加え、水分がなくなるまで炒める。

2. 小麦粉とカレー粉を加えて焦げないよう炒め、ツヤが出たらBを加えてさらに炒める。香りが立ったらおだしの牛すじの煮汁と野菜ブイヨンの素を加え、泡立て器で一気に混ぜる。おだしの牛すじの肉を加え、15分ほど弱火で煮る。あれば隠し味を加えるとコクが増す。塩で味を調える。

材料（2人分）

・

おだしの牛すじの肉…250g
おだしの牛すじの煮汁…500mℓ
玉ねぎ（薄切り）…中1個
バター…15g
小麦粉…大さじ2
カレー粉…大さじ1と1/3
野菜ブイヨンの素（顆粒）…1袋
塩…小さじ1/4

A
- 生姜（すりおろし）…小さじ2
- にんにく（みじん切り）…小さじ2

B
- ローリエ…1枚
- セロリパウダー（p.102／あれば）…少々

隠し味
- ウスターソース…大さじ1
- ジャム（りんごやあんずなど）…大さじ1

牡蠣の旨煮

毎シーズン、大量に作っても「足りなかったな」と思う人気メニュー。牡蠣を牡蠣のソースで煮るので、旨みが半端ないんです。まずは温かいご飯にのせて、蓋をしてしばらく蒸らしてから食べてみてください。と、書くだけでまた食べたくなってしまうくらい……。倍量で作る場合は、調味料を2割くらい控えめにして作ってから、あとで調整してください。煮汁でねぎを煮てもおいしいですよ。

翌日は芹と合わせてパスタに。芹の茎（あれば根も）を細かく刻んでにんにくと炒め、ゆでたパスタと合わせてから、刻んだ牡蠣の旨煮とその煮汁を加えて煮含めます。

朝ごはんやお酒の〆には、鶏スープにワンタンの皮と一緒に入れるのもおすすめ。ワンタンは具を包まずそのまま入れるだけなので手間要らず。それでもちゅるんというのどごしはちゃんと楽しめるので、ぜひお試しを。

材料（作りやすい分量）

・

むき牡蠣（加熱用）…500g

A

- 酒…大さじ3
- オイスターソース…大さじ2
- 薄口醤油…小さじ1
- みりん…大さじ1
- 唐辛子…2〜3本

みりん・ごま油…各大さじ1

1. ボウルに牡蠣と片栗粉大さじ3ほど（分量外）を入れてそっと混ぜ、牡蠣に吸着させた汚れを流水で洗い流す。次に塩を溶かした水に浸して汚れを浮かせ、最後に水でさっと洗う。
2. 鍋に1の牡蠣とAを入れてひと混ぜし、蓋をして中強火にかける。牡蠣が白っぽくぷっくりと膨らんできたらザルに上げ、煮汁と分ける。
3. 煮汁だけを鍋に戻し、艶が出てとろっとするまで煮詰める。牡蠣を戻し入れ、みりんとごま油を加えて煮からめる。

牡蠣に8割がた火が通ったらザルに上げ、煮汁だけを鍋に戻して煮詰める。牡蠣の身に火が入りすぎないための工夫。

牡蠣と芹のパスタ

◎旬の素材の組み合わせは間違いなし

材料（2人分）

・

牡蠣の旨煮…120g
芹…1/2束
にんにくオイル（p.56／生のみじん切りでも可）…小さじ1
パスタ…160g
塩・オリーブ油…各適量

1. 牡蠣の旨煮は飾り用の2〜4個を取り分け、残りはざく切りにする。芹は茎をみじん切りに、葉をざく切りにする。

2. 大鍋に水1.5ℓと塩大さじ1を入れ、沸騰したらパスタを入れ、表示時間より1分ほど短くゆでる。

3. フライパンににんにくオイルとオリーブ油大さじ2を熱し、香りが立ったら芹の茎を炒め、パスタのゆで汁を30mℓほど加えて乳化させる。

4. ゆで上がったパスタと1の刻んだ牡蠣と旨煮の煮汁適量（分量外）を加えてざっと混ぜ、塩で味を調え、器に盛る。同じフライパンに芹の葉を入れ、EXVオリーブ油をまわしかけ、温まったらパスタにのせる。

牡蠣入りワンタン

◎餡を包まないから手軽にできます

材料（2人分）

・

牡蠣の旨煮…6粒
豚ひき肉…100g
長ねぎ（みじん切り）…小さじ2
ワンタンの皮…10枚
おろし生姜の絞り汁…小さじ1
スープ（混ぜておく）
　鶏スープ…700㎖
　オイスターソース…小さじ2
　みりん…小さじ1
　醤油…小さじ2
米油…適宜
塩…適宜
白髪ねぎ…適宜

1. 鍋に米油を熱し、豚ひき肉を炒め、肉がほぐれたら長ねぎを加えて炒める。スープの材料を加え、沸騰する直前に牡蠣の旨煮とワンタンの皮を1枚ずつ加える。おろし生姜の絞り汁と塩で味を調える。

2. 温まったら器に盛り、白髪ねぎを添える。

グラタンの素

ベシャメルソースというよりも、ものすごーく簡略化したホワイトソースですが、胃もたれせず、粉っぽくもなく。どこの店よりも、うちのグラタンがおいしいなぁと思っています。例えばゆでたほうれん草やブロッコリー、きのこなど、下ごしらえした野菜があれば、まな板や火を使わずにグラタンができます。耐熱皿にバターか油を塗り、野菜や魚介（タラ、鮭、ホタテ、エビ、カニ、牡蠣など）、またはハムやゆで卵などを並べて塩、胡椒。グラタンの素をのせたら、好みでチーズをのせて焼くだけです。バターを少し上にのせると、おいしそうな焦げ目がつきますよ。白身の魚やエビ、ホタテは火の通りが早いので、オーブンなら生のままでもOK。トースターを使う場合は、事前に白ワインや酒を振ってソテーしておくのがおすすめ。生クリームを足したり、中華のだしを加えたりとアレンジすれば、白菜のクリーム煮やクリームシチューなどもあっという間。

解凍するときはポリ袋ごと湯に浸すか、1時間ほど室温に出して自然解凍を。

材料（作りやすい分量）

・

小麦粉…大さじ6
牛乳…600㎖
生クリーム（乳脂肪分35%）…150㎖
無塩バター…30g
野菜ブイヨンの素（顆粒）…小さじ1/2
塩…小さじ1/2

1. 鍋にふるった小麦粉を入れ、牛乳100㎖を加えて泡立て器でよく混ぜる。残りの牛乳も2〜3回に分けて加え、よく混ぜる。

2. 無塩バター、野菜ブイヨンの素、塩を加え、よく混ぜてから中火にかける。絶えず混ぜながら、艶が出て鍋底が見えるようになったら火を止める。

3. 生クリームを加えて混ぜ、バットに移して冷ます。ポリ袋に入れて冷凍可能。

マカロニグラタン

◎小さなココット型で焼けば、お弁当やパーティにも

材料（2人分）

・

グラタンの素…360g（1/2量）
マカロニ…60g
野菜ブイヨンの素（顆粒）… 1/2袋
ローリエ…1枚
米油…10g
ナツメグパウダー…少々
シュレッドチーズ（グリュエール、エメンタールなど）…100g
バター…適宜
塩…適宜

1. 鍋に水1ℓを入れて火にかけ、沸いたら野菜ブイヨンの素とローリエを加える。マカロニを加え、袋の表示より少し長めにゆで、ザルに上げる（ゆで汁はとっておく）。マカロニに米油をまぶす。

2. グラタンの素に1のゆで汁大さじ2～3を加えて混ぜ、ナツメグパウダーを振る。1のマカロニを加えて混ぜ、塩で薄めに調味する。

3. 耐熱皿にバターを塗り、2を広げて入れる。シュレッドチーズをたっぷりのせ、バターをちぎって散らす。

4. 250℃に予熱したオーブンかトースターで焦げ目がつくまで焼く。

鮭のクリームシチュー

◎具だくさんで食べ応えあります

鮭は塩、胡椒を振って米油で両面を焼き、器に盛る。鍋にグラタンの素と水100㎖、野菜ブイヨンの素、ローリエを入れて混ぜ、火にかける。エリンギを加えて煮込み、蒸し煮にしたブロッコリーを加えて混ぜる。あればセロリパウダー（p.102）を加えるとよりおいしい。器に盛った鮭にかける。エリンギがアワビみたいな食感なので、中華のアワビクリーム煮みたいな味わいが楽しめる。
ブロッコリーは買ってきたときに下ごしらえしておくと便利。小房に切り分け、厚手の鋳物鍋に入れ、水30㎖と塩ひとつまみを加えて蓋をし、3〜4分蒸し煮にする。

主な材料（2人分）

・

グラタンの素…360g（1/2量）
鮭…2切れ
野菜ブイヨンの素（顆粒）…1/2袋
ローリエ…1枚
エリンギ（大きめに切る）…1パック
蒸し煮にしたブロッコリー…1/2房

チキンのトマトクリーム煮

◎レストラン気分になれる本格的な味

主な材料（2人分）

・

グラタンの素…360g（1/2量）
オリーブ油…大さじ1
鶏むね肉…1枚（約300g）
玉ねぎ…中1/2個
きのこ（マッシュルームやしめじ）…1/2パック
白ワイン…大さじ2
トマトペースト…大さじ1

鶏むね肉（p.45のブライン液に漬けておくとさらに美味）は薄めのひと口大に切り、塩、胡椒を振ってから小麦粉をまぶす。フライパンにオリーブ油（またはp.56のにんにくオイル）を熱し、鶏むね肉の両面を焼いて取り出す。オリーブ油を足し、縦に薄切りにした玉ねぎと食べやすい大きさに切ったきのこを炒め、白ワインとトマトペースト、水大さじ2を加えて混ぜ、5分ほど煮る。このとき、パセリの茎やセロリパウダー（p.102）、野菜ブイヨンの素を加えると、さらにおいしくなる。鶏むね肉を戻し入れ、グラタンの素を加えて混ぜる。水分が足りなければ水を足して調整し、さらに5分煮る。塩、胡椒で味を調える。

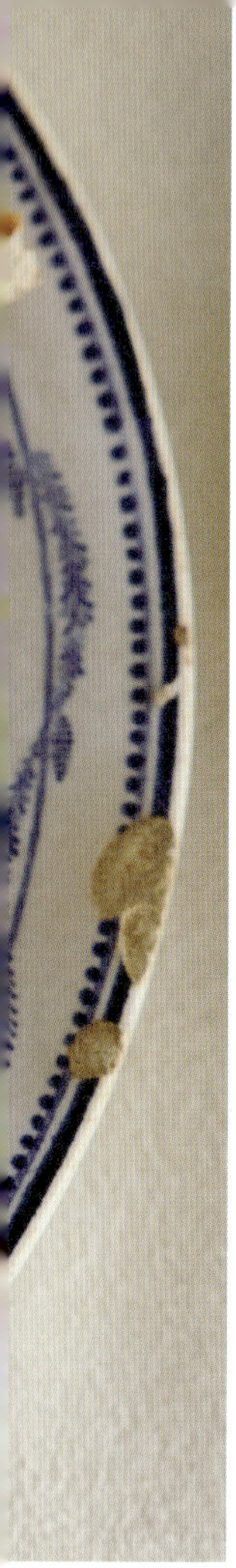

見た目は映えないけれど、きのこの旨みが凝縮したソースです。ブラウンマッシュルームやエリンギ、椎茸、しめじ、舞茸などを、エシャロットか玉ねぎとにんにくオイル（p.56。なければ生をみじん切りして）と炒めてペーストにするだけ。好みでパセリやタイム、ローズマリーなどのハーブを加えると、しゃれた風味になります。たくさん作って冷凍しておけば、パスタや詰めもの、スープなどに重宝します。

朝は、鶏のスープと冷やご飯を加えて少し煮て、ハンドミキサーでガーっとやれば、素晴らしくおいしいきのこのポタージュに。

サワークリームとにんにくのすりおろし、刻んだ細ねぎを混ぜたクレームエピスと一緒にバゲットにたっぷりのせるのも大好きな食べ方。うっかりパンを食べ過ぎてしまうので、要注意です。

きのこのデュクセル

材料（作りやすい分量）

・

きのこ（しめじ、椎茸、舞茸、エリンギ、マッシュルームなど）
…各1パック（合計550g）

エシャロット… 1個
※玉ねぎ中1/2個でも可

A
- にんにくオイル（p.56）…小さじ1
- オリーブ油…大さじ1

B
- ローリエ…1枚
- パセリの茎（あれば）…2本
- セロリパウダー（p.102／あれば）…少々

塩…小さじ1/2

胡椒…少々

1. きのことエシャロットは粗みじん切りにする。

2. フライパンにAを入れて火にかけ、香りが立ったらエシャロットを加える。しんなりしたらBを加え、水分がなくなるまで炒める。

3. きのこを加えてさらに炒め、水分がなくなったら塩、胡椒で味を調える。

— 鶏のソテーきのこソース

◎クリームとワインでのばしたソースをかけて

1. 鶏むね肉は4〜6等分に切ってからラップをかぶせ、すりこぎなどで叩いて薄く伸ばす。塩、胡椒を振ってから小麦粉をまぶす。フライパンにバター10gを熱し、茶色く色づき始めたら鶏むね肉を入れ、両面をこんがりと焼き、器に盛る。

2. フライパンを拭いてからバター5gとにんにくオイルを入れて火にかけ、香りが立ったらきのこのデュクセルとAを加え、沸騰したら火を弱める。生クリームを加え、塩、胡椒で味を調える。

3. 1に2をかける。好みでほうれん草のオイル蒸しなどを添えても。

材料（2人分）

・

きのこのデュクセル…1/2カップ
鶏むね肉…1枚
生クリーム…50㎖
バター…15g
にんにくオイル（p.56）…小さじ1/2
A
　白ワイン…大さじ2
　タイム…1枝（あれば）
　ローズマリー…1枝（あれば）
塩・胡椒・小麦粉…各適量

きのこは何種類か混ぜるといい味になるので、一度に何パックか買うようにしています。しかしそうすると、冷蔵庫でかさばるわけで。そこでわが家では火を通して常備菜にしています。

お味噌汁やそば、うどんなどに入れて使えますが、最近のホームランヒットは中華風オムレツ。塩、砂糖、鶏スープで調味した卵液をごま油でラフに焼いてオムレツにし、酒炒りきのこと鶏スープ、薄口醤油、水溶き片栗粉を合わせたきのこ餡をかければでき上がり。また、ベーコンと合わせてパスタにしてもおいしいし、おだしと合わせて柚子の皮を浮かべたきのこの澄まし汁もおすすめです。

わが家の手抜きメニュー〝食べれば揚げ出し豆腐〟にもぴったり。豆腐は揚げずに温めるだけなのに、食べると揚げ出し豆腐の味なんです。これに酒炒りきのこをトッピングすると、手の込んだようなひと品に。揚げ玉は天ぷら屋さんやおそば屋さんで買いますが、傷みやすいので、小分けにして冷凍しています。

酒炒りきのこ

材料（作りやすい分量）

・

きのこ（しめじ、椎茸、舞茸、エリンギ、
えのき茸、なめこなど）
…各1パック（合わせて約500g）
酒…大さじ4
塩…小さじ1/2

きのこは石づきを取り除いたり、ほぐしたりしてから、1.5㎝大に切り揃える。鍋に入れ、酒と塩を振って混ぜ、蓋をして中火にかける。沸騰したら上下を返し、蓋をしてさらに1分加熱する。火を止めてそのまま5分置く。

食べれば揚げ出し豆腐

◎揚げないから簡単、手軽

主な材料（2人分）

・

酒炒りきのこ…大さじ6
絹ごし豆腐…1丁
だし汁…400㎖
かえし（p.54）…大さじ1
※醤油大さじ1＋みりん小さじ2でも可
大根おろし…大さじ4
揚げ玉・三つ葉・柚子の皮…各適量
塩…適宜

1. 豆腐はキッチンタオルに包んで電子レンジ（600W）に3分かけて水切りをし、二等分に切り、器に盛る。

2. 鍋にだし汁と酒炒りきのこを入れ、かえしと塩で少し濃いめに調味する。大根おろしを加え、1の器に注ぐ。揚げ玉、三つ葉、柚子の皮を散らす。

お揚げの甘辛煮

町そばの定番といえば、甘じょっぱいお揚げを入れたカレーそば。残念なことに、近頃はあまり見かけなくなりましたね。だから家でも食べられるよう、お揚げをたくさん炊いて小分け冷凍しています。麺だけでなくお稲荷さんやおつまみに、刻んで青菜と和えてと、「もう一品」というときにとっても便利。湯通ししたお揚げを水、中ざらめ糖と醤油で炊きます。お稲荷さんを作る場合は、半分に切って開いてから煮ます。

カレーそば（うどん）を作るときは、1人分380㎖のだしに、カレー粉小さじ2、片栗粉大さじ1を溶いた麺つゆ50㎖を加え、沸騰させるだけ。器にゆでた麺を盛り、カレーつゆを注ぎ、お揚げの甘辛煮をのせたら、古き良きカレーそばのでき上がり。

材料（作りやすい分量）

・

油揚げ…10枚
だし汁…1000㎖
中ざらめ糖…大さじ4
醤油…大さじ4

1. 鍋にたっぷりの湯を沸かし、油揚げを入れてヘラなどで押さえながら4～5分煮て、油抜きをする。ザルに上げ、粗熱をとる。
2. 油揚げをまな板に置き、その上をすりこぎなどを押しながら転がして、水分をよく絞る。
3. 24㎝径の鍋に放射線状に敷き詰める（2段に重ねてもOK）。だし汁800㎖と中ざらめ糖を加えて火にかけ、ざらめ糖が溶けたら醤油大さじ3を加え、落とし蓋をして煮る。
4. 煮汁が少なくなったら残りのだし汁を足しながら煮る。水分が減ったら残りの醤油を加え、火を止めて冷ます。

わさびを添えて

◎気の利いた酒のつまみに

お揚げの甘辛煮は、好みに合わせてかるく温めておくか、冷やしておく。おろしたてのわさびか、七味唐辛子ときゅうりのせん切りを添えて器に盛る。

きつね飯

◎いなり寿司の味を手軽に

ご飯にはごまやゆかり、しらす、じゃこ、高菜漬け、紅生姜など、好きなものを混ぜ込む。私は大根やかぶの葉を刻んで塩もみしたものが好み。器に盛って、食べやすい大きさに切ったお揚げの甘辛煮をのせ、好みでわさびを添えていただく。お揚げはかるく温めておくと、よりおいしい。

梅昆布の煮浸し

毎年、夏が近づくと食べたくなるわが家のロングセラーメニュー。どんなに食欲不振なときもこれなら食べられるから、夏バテ対策に常備しています。このまま食べてもいいし、素麺のつけ汁やぶっかけ汁にしてもいい。だから切り昆布は少なくとも2パックは買い込みます。冷蔵庫でひと晩冷やすと、梅の風味が汁に溶け出し、それが昆布に染みて、めちゃくちゃおいしいのです。

素麺を加えるときは、麺つゆを少し足して味を調整します。酒を加えた湯でしゃぶしゃぶした豚肉を、キッチンペーパーの上にのせて常温で冷まし、麺にトッピング。お肉がなくても十分においしいのですが、タンパク質補給も意識しないとね。

材料（作りやすい分量）

・

切り昆布（生）…約300g

A

- だし汁…800㎖
- 酒…大さじ1
- みりん…大さじ2
- 薄口醤油…大さじ2

梅干し（塩分7％のもの）…4～6個

塩…ひとつまみ

1. 切り昆布はよく洗い、食べやすい長さに切る。
2. 鍋に1とAを入れ、沸騰する前に梅干しを加え、ひと煮立ちしたら火を止める。梅の塩分によるので、味を見て薄口醤油（分量外）や塩で味を調える。冷蔵庫でひと晩寝かせる。

豚しゃぶのぶっかけ素麺

◎麺つゆに飽きたらぜひお試しを

酒と塩を加えた湯で豚肉をゆで、キッチンタオルにのせて冷ます。別の鍋で素麺をゆでて氷水で締め、水気をよく切って器に盛る。豚肉と梅昆布の煮浸しをのせ、煮浸しの汁を注ぐ。かえしで味を調え、水にさらしたみょうがをのせる。

主な材料（2人分）

・

梅昆布の煮浸し…適量
素麺…3把
豚肉（しゃぶしゃぶ用）…150g
酒・塩…各適量
みょうが（薄切り）…1～2個
かえし（p.54／濃縮麺つゆでも可）…適量

枝豆をゆでているときに、ふと思いついたメニューです。豆類はそんなに好きではない夫が、「うまい、うまい」の連発で、だし汁ごと完食！
　豆の両端を深く切ってからたっぷりの塩で揉み、柔らかくゆでて水気を切り、氷を入れたボウルに入れて揺すって急冷。水分をよく拭いてから、昆布と鰹節の一番だしにドボン。塩と薄口醤油でお吸い物くらいの塩分に調味して、食べる間際にすだちの輪切りをたっぷり浮かべていただきます。さやの中のだしをチューっと吸いながら豆を食べるのがたまりません。

枝豆のだし浸し

材料（作りやすい分量）

枝豆…1袋（約250g）
だし汁…400mℓ
薄口醤油…小さじ2
塩…適量
すだち…2個

1. ボウルにだし汁を入れ、薄口醤油と塩でお吸いものほどの味をつける。ボウルごと氷水に浸け冷やしておく。

2. 枝豆に塩を振りかけ、豆同士をこすり合わせてから水で洗い流す。鍋に1ℓの水を入れて沸かし、塩大さじ1を加え、枝豆をゆでてザルに上げる。たっぷりの氷をのせて揺すり、急冷させる。枝豆の粗熱がとれたら**1**に入れ、冷蔵庫で保管する。

3. 食べる直前に薄切りにしたすだちを浮かべる（長く入れておくと苦くなるので注意）。

冷やし茶漬け

◎食欲がないときでも喜ばれる

枝豆の風味とすだちの香りが移った冷たいだしは、暑い日のごちそうです。ちょこちょことおかずを食べたあとに、枝豆のだし浸しを冷やご飯にかけてさらさらといただくのは至福。枝豆を好きな量だけさやから出して冷やご飯にのせ、冷やした漬け汁をかけ、せん切りにしたみょうがを散らせばでき上がり。

枝豆トマトのせ素麺

◎とうもろこしなどでもおいしい

主な材料（2人分）

・

枝豆のだし浸しの漬け汁…300mℓ
枝豆のだし浸しの枝豆…適量
素麺…3把
A
　おろし生姜の絞り汁…小さじ2
　薄口醤油（かえしでも可／p.54）
　　…小さじ2
ミニトマト（半分に切る）…6〜8個
青じそ（せん切り）…3枚

枝豆のだし浸しの漬け汁にAを加えて調味し、つゆを作る。豆はさやから取り出す。素麺をゆでて氷水で締め、よく水を切って器に盛る。つゆを注ぎ、豆とミニトマト、青じそをのせる。好みで炒りごまを散らしても。

鮭の焼きほぐし

材料（作りやすい分量）

・

甘塩鮭の切り身…適量
米油…適量

鮭の切り身をグリルなどで焼き、骨と皮を取り除き、身をほぐす。清潔な保存瓶に鮭をきっちり詰めていき、9割くらい詰めたら、かぶるまで米油を注ぐ。冷蔵で1週間ほど日持ちする。冷凍も可。

鮭は１パックに何切れか入っているので、食べ切れないものを保存するには、と考えて思いついたメニューです。買った鮭がしょっぱすぎたり、脂のノリがイマイチでパサついていたりしても、これならおいしくいただけます。一度にすべて焼き、ほぐして瓶に詰め、油を注ぐだけ。食べ残しでもOKです。塩気が足りないときは、酒、みりん、醤油（同量ずつ）を煮切ったもので調味しても。焼かずに調味液と蒸し煮にする方法も試してみましたが、塩鮭を焼いたほうが香ばしさも出るし、簡単。保存料も添加物もなしだから、１週間以上保存したいときは冷凍庫へ。

取り除いた皮もどうか捨てないで。カリッと焼いてお茶漬けにしたり、きゅうりとポン酢で和えたりするとおいしいですよ。

鮭のクリームパスタ

◎焼き鮭が北欧風の味わいに

タリオリーニを表示より1分短くゆでる。フライパンにバターを溶かし、鮭の焼きほぐしとサワークリーム、生クリームを加えて温める。タリオリーニのゆで汁大さじ2ほどを加えてゆるめ、ゆで上がったタリオリーニを和え、塩、胡椒で調味する。仕上げにちぎったディルをを加えて混ぜる。

主な材料（2人分）

鮭の焼きほぐし…1/2カップ
タリオリーニ…160g
※スパゲットーニやフィジッリなどでも可
バター…10g
サワークリーム…大さじ3
生クリーム…60㎖
ディル・塩・胡椒…各適量

マッシュポテト

材料（2人分）
・
じゃがいも（男爵）…500g
牛乳…100mℓ
生クリーム（乳脂肪分35%のもの）…30mℓ
塩・胡椒…各適量

じゃがいもの皮をむき、5mm幅の薄切りにし、水に10分さらしてから鍋に入れ、ひたひたの水を注いでゆでる。じゃがいもが柔らかくなり、水分が鍋底から2〜3mmほどになったら火を止め、木べらやマッシャーでつぶす。粒々が残っていてもOK。牛乳の半量を加えて全体を混ぜ、弱火にかけ、ヘラで焦げないように練りながら水分を飛ばし、塩で調味する。この段階で冷凍保存も可能。食べる直前に残りの牛乳を加えて混ぜながら温め、仕上げに生クリームを加えて混ぜ、塩、胡椒で味を調える。

→ アイリッシュ ポテサラ

◎酸味がウイスキーとすごく合うので、通称「パブのポテトサラダ」

主な材料（2人分）
・
マッシュポテト…1カップ
ベーコン…2枚
パセリ（みじん切り）…大さじ2
りんご酢…小さじ2
胡椒…適量

電子レンジでかるく温めたマッシュポテトに、7mm幅に切って脂が抜けるまでカリカリに焼いたベーコンと、パセリを加えて混ぜ、りんご酢と胡椒で調味する。

マッシュポテトのオムレツ

◎とろーりとしたマッシュポテトにバターが香ります

マッシュポテトのためにビーフシチューやハンバーグを作るほど大好物だから、意図的にたくさん作り置きしています。簡単な作り方ながら、長きにわたって定番化しているレシピ。皮をむいた男爵いもを、ひとつまみの塩を入れたひたひたの水でゆで、柔らかくなって水分がなくなってきたらマッシャーでつぶして、牛乳と塩を加えます。この状態で作り置きしておき、食べるときにさらに牛乳と生クリームを加えて塩、胡椒で調味し、好みの固さに練り直します。

　さっぱりとした味なので、ポテトサラダやコロッケ、オムレツなどにアレンジ自在。焼豚に添えるのもいいし、酸味の効いたアイリッシュポテサラにするのもいい。また、柔らかく仕上げたマッシュポテトを入れたオムレツは夫の大好物。包むのは難しいので、オープンオムレツに仕立てます。

柔らかなマッシュポテトの余りはぜひオムレツに。フライパンに米油とバターを溶かし、卵液を流し込んで大きくかき混ぜる。半熟になったら器に盛る。電子レンジに30秒ほどかけて温めたマッシュポテトをのせて広げ、好みでパセリやディル、バジルなどを添える。

主な材料（2人分）

・

マッシュポテト…大さじ5

卵液

- 卵（よく溶きほぐす）…3個
- 塩…ひとつまみ
- 砂糖…小さじ2/3
- 牛乳…30㎖

バター…5g

米油…小さじ1

麻婆の素

夫には「水っぽいのと辛くないのはダメ。牛肉には木綿豆腐、豚肉なら絹豆腐」という譲れないこだわりがあり、それに合わせて調味料をわが家好みに調整しながら長年作ってきました。ポイントは、ひき肉を水分が透明になるまでよく炒めること、調味料を炒めて香りを出すこと、甜麺醤でこっくりと濃厚にすること。肉は包丁で叩いて粗びきにするとさらにおいしく、仕上げに山椒油（p.50）をかけ、粒の花椒をつぶしてかけると最高です。こちらで４人分×２回分ほどになります。和え麺にするときはスープを1.5倍ほどに増量して（調味料もやや多めに）。

これに水切りした豆腐（p.29を参照）を加えれば麻婆豆腐に。緑の野菜をたっぷり加えれば翡翠麻婆になり、牡蠣を加えれば旨み倍増。揚げたナスや水で戻した春雨、トマトなどでもおいしいですよ。

材料（作りやすい分量）

・

牛ひき肉（豚ひき肉でも可）…200g
にんにくオイル（p.56）…大さじ1
A
　長ねぎ（みじん切り）…大さじ3
　生姜（みじん切り）…大さじ2
B（混ぜる）
　豆板醤…大さじ3
　甜麺醤…大さじ1と1/3
　粉唐辛子（好みで）…小さじ1
　砂糖…小さじ2
　醤油…小さじ2
　紹興酒（酒でも可）…大さじ1
中華だし（鶏スープでも可）…400mℓ
コーンスターチ（片栗粉でも可）…大さじ4

1. 深さのあるフライパンににんにくオイルを入れて熱し、ひき肉を入れて肉汁が透明になるまで炒める。Aを加えて香りが立ったら、Bを加えて炒める。

2. 中華だしを加えて混ぜて火を止め、同量の水で溶いたコーンスターチをまわし入れ、よく混ぜてから中火にかけ、沸騰してから1分以上煮てとろみをつける。チャック付きのポリ袋などで冷凍保存も可能。

翡翠麻婆豆腐

◎緑色の野菜は2〜3種類混ぜるとおいしい

豆腐は食べやすい大きさに切る。ほうれん草や春菊などの青菜はゆでて包丁で叩き、細かくする。アスパラガスなどのその他の緑色の野菜は、食感が残るくらいにゆでてから、豆腐と同じサイズに切る。麻婆の素をフライパンに入れて温め、豆腐と野菜を加えてひと煮立ちさせ、仕上げにごま油をまわしかける。

主な材料（2人分）

・

麻婆の素…半量
豆腐（水切りする）…1丁
青菜（ゆでる）…1/3束　※または青のり、生のり
緑色の野菜…適量
※アスパラガスやオクラ、インゲン豆、ブロッコリーなど

― 牡蠣の麻婆

◎つるりんと舌触り最高！　春菊がよく合います

主な材料（2人分）

・

麻婆の素…半量
豆腐（水切りする）…1/2丁
牡蠣…150g
春菊…2本

豆腐は食べやすい大きさに切る。牡蠣はよく洗い（p.16参照）、キッチンタオルで水気を拭き取り、2/3量を豆腐と同じサイズに切る。春菊の茎はみじん切りにし、葉はちぎる。麻婆の素をフライパンに入れて温め、豆腐と牡蠣を加え、煮立ったら春菊も加えてひと混ぜし、仕上げにごま油を回しかける。

中華ダレ

近所にあるカジュアルな中華の名店で食べたよだれ鶏がおいしくて、家族にも食べさせたくなりました。あの味を思い出しながら、あれやこれやと調合してできたタレです。冷蔵庫で5日間ほど保存できるので、蒸し鶏や和え麺、冷や奴にもどうぞ。

和え麺は、氷でキンキンに冷やした麺

材料（作りやすい分量／約180㎖分）

・

醤油…大さじ3と1/3
鶏スープ…大さじ3
黒酢…大さじ2
りんご酢…小さじ2
砂糖…大さじ1弱
米油…大さじ1
みりん…大さじ1と1/2
紹興酒…小さじ1
生姜（すりおろす）…小さじ1
にんにく（すりおろす）…小さじ1/3
ごま油…小さじ1/2
花椒粉…小さじ1
八角…2片
シナモンパウダー…小さじ1/4
粉唐辛子…小さじ1と1/2
辣油…適宜
塩…小さじ1/2
胡椒…少々
A
　炒りごま…大さじ2
　ピーナッツ（粗く砕いたカシューナッツでも可）
　　…大さじ2

A以外のものをすべて混ぜ合わせる。Aは食べる直前に加えて混ぜる。

に温かい蒸し鶏をのせ、タレを絡めながらいただきます。辛いのが好きな方は、食べるときに辣油をプラスしても。副菜には、トマトとアボカドのポン酢サラダが合いますよ。
　ちなみに、蒸し鶏の蒸し汁をとっておいて、ご飯を炊けばカオマンガイに。また小分けにして冷凍しておくと、鶏スープとして役立ちます。

よだれ鶏

◎中華の名菜も家庭で作れます

主な材料（2人分）

・

中華ダレ…80㎖
鶏もも肉（むね肉でも可）…2枚
長ねぎの青い部分…1/2本分
生姜（薄切り）…3〜4枚
紹興酒…大さじ3
パクチー…適量

鶏肉は皮に竹串で穴を数カ所開け、塩を両面に振る。できれば買ってきた日にブライン液（水500㎖に塩・砂糖各小さじ3を混ぜる）に漬けておくとより柔らかくしっとりした食感に。鍋に長ねぎと生姜を敷き、その上に鶏肉を皮を下にして並べ、紹興酒を振り、蓋をして強火にかける。沸騰したら弱火にし、5〜6分加熱する。鶏肉を裏に返して蓋をし、さらに3〜4分加熱し、火を止めてそのまま冷ます。温かいうちにひと口大に切って器に盛り、中華ダレをかけ、好みでパクチーや細ねぎを添える。

和え麺

◎好みの薬味やゆで卵を添えても

主な材料（2人分）

・

中華ダレ…100㎖
中華麺…2玉
トッピング
　蒸し鶏（スライス）…適量
　きゅうり（せん切り）…1/2本
　白髪ねぎ…5㎝分
　フレッシュ搾菜…適宜
　麻辣油（辣油でも可）…小さじ1

中華麺をゆでて冷水で洗い、ザルに上げて水気をよく切り、器に盛る。トッピングをのせ、中華ダレをかける。トッピングは好みで、蒸し豚や炒りごま、炒って砕いたカシューナッツ、パクチー、細ねぎなどに変えても。

牛すね肉の赤ワインマリネ

材料（作りやすい分量）

・

牛すね肉…1kg
赤ワイン…500mℓ
ブーケガルニ…適量
玉ねぎ（薄切り）…2個
野菜ブイヨンの素（顆粒）…2袋
塩…小さじ2
にんにくオイル（p.56）…大さじ1
オリーブ油（米油でも可）…適量

1. 牛すね肉は5～6㎝角に切り、玉ねぎと赤ワイン、ブーケガルニと一緒に漬けてひと晩置く。ザルに上げ、漬け汁と分ける。

2. フライパンに油を入れて火にかけ、**1**の玉ねぎとにんにくオイルを加え、あめ色になるまで炒める。圧力鍋に移し替える。フライパンに水200mℓを入れて鍋底をこそげ、圧力鍋に加える。

3. **2**のフライパンに油を熱し、**1**の牛すね肉を入れて表面を焼く。余分な脂を取り除き、**1**の漬け汁を加え、2～3分沸騰させてから圧力鍋に加える。

4. 圧力鍋にブーケガルニ、野菜ブイヨンの素、水800mℓを加えて沸騰させ、アクを取り除く。蓋をして30分ほど圧力をかけて加熱する。普通の鍋を使うなら、柔らかくなるまで2時間ほど煮る。塩を加え、温かいうちにほぐす。

ブーケガルニは、セロリやタイム、ローリエ、パセリの茎などの香味野菜を束ねてタコ糸などで巻いたもの。セロリパウダー（p.102）で代用も可。

特売品の牛すね肉を玉ねぎや赤ワイン、ブーケガルニと漬け込んでから、圧力鍋で繊維状になるまで柔らかく煮たもの。これがあると必ず作るのが、マッシュポテトと合わせてから焼いたコンビーフハッシュです。焼く前もポテトサラダのようでおいしいのですが、焼くと食べ応えがあって、上等なコロッケのような味になるのです。

もう一品、赤玉ねぎの酢漬けや葉野菜と和えて甘酸っぱく味付けしたアグロドルチェも大好きなメニューです。粒マスタードを塗ったパンに挟んでサンドイッチにするのもおすすめ。

— コンビーフハッシュ

◎ハンバーグに見えますが、焼きマッシュポテトです

じゃがいもはよく洗い、皮付きのまま、かぶるほどの水で柔らかくゆで、熱いうちに皮をむいて、マッシャーなどでつぶす。牛乳を加えて混ぜ、ペースト状にならなければさらに牛乳大さじ1（分量外）を足して混ぜる（p.38のマッシュポテトを利用してもOK）。冷めたら溶き卵を加えて混ぜ、牛すね肉の赤ワインマリネを加えて混ぜる。手に油をつけて2等分にしたタネを小判形に整える。フライパンに油とバターを溶かし、タネを両面焼く。塩を振り、粒の黒胡椒をひきかけ、あればクリームマスタードを添えていただく。

主な材料（2人分）

・

牛すね肉の赤ワインマリネ（ほぐす）…100g
じゃがいも…3個
牛乳…大さじ1
溶き卵…1/3個分
バター…大さじ1
油…小さじ1

牛肉のアグロドルチェ

◎甘酸っぱい牛肉のサラダ

主な材料（2人分）

・

牛すね肉の赤ワインマリネ（ほぐす）…200g
赤玉ねぎ（薄切り）…1/2個
EXVオリーブ油…大さじ2
クレソン…1束
調味料
　バルサミコクリーム（バルサミコ酢でも可）…大さじ1と1/2
　ワインビネガー（りんご酢でも可）…大さじ1
　砂糖…小さじ1
　塩・胡椒…各適量

ボウルに赤玉ねぎを入れ、塩をかるく振って混ぜる。牛すね肉の赤ワインマリネとEXVオリーブ油、あればタイムの葉4枝分を加えて混ぜ、調味料を加えて甘酸っぱい味に調える。器に盛り、クレソンを添える。

塩山椒と山椒油

山椒マニアのわが家になくてはならない実山椒は、1年分を処理して小分け冷凍しています。状態のよいものが出回るのはせいぜい2週間ほど。遅くなると黒く硬くなってしまうので大忙しです。枝取りはバターナイフを使うのがおすすめ。利き手にバターナイフを持ち、もう片方の手で房を当てて実を外していきます。爪も黒くならないし、手も痛くなりません。いつも200g分の枝や葉を取り除き、水で洗います。これを乾かして油（米油や太白ごま油など）に漬け、ごく弱火で沸騰させないように、柔らかくなるまで煮れば、山椒油のでき上がり。

料理に使う実山椒は、鍋に1ℓの湯を沸かし、粗塩小さじ2と洗った実山椒を加え、実が踊るほどの火加減で静かにゆでます。指で潰れるくらい柔らかくなったらザルに上げて冷水に浸し、1時間以上置いてアクを抜きます。生産地や品種によって個体差があるので、1粒食べてみて痺れ具合を確かめましょう。長期保存すると痺れが抜けてくるので、アクを抜きすぎないようにしておきます。ザルに上げてキッチンタオルなどの上に重ならないように広げ、表面の水分を乾かします。すぐに使わない分はなるべく密封して冷凍を。

塩山椒は、実山椒を清潔な保存瓶に入れて5%の塩を加え、蓋をしてよく振り、1日以上冷蔵庫で寝かせたもの。実山椒50gに対して塩小さじ½が目安です。

塩山椒トースト

◎塩山椒をトーストにのせると、塩気がなんともいい感じ

食パンをトーストし、発酵バターをたっぷりと塗り、粗く刻んだ塩山椒を散らす。

山椒バターパスタ

◎バターと山椒は、最高の相性なのです

主な材料（2人分）

・

塩山椒…大さじ2
スパゲッティーニ…160g
バター…大さじ2
にんにくオイル（p.56）
…小さじ2
塩…適量

スパゲッティーニを表示より1分短くゆでる。ゆでている間にフライパンにバターを溶かし、にんにくオイルを加え、香りが立ったらスパゲッティーニのゆで汁大さじ3を加え、なじませる。ゆで上がったスパゲッティーニと塩山椒を加えてからめ、塩で味を調える。

山椒ポテサラ

◎オニオンスライスの代わりに塩山椒を

主な材料（2人分）

・

塩山椒…小さじ2
じゃがいも（男爵）…3個
ロースハム…3枚
きゅうり（小口切り）…1本
だし汁…400mℓ
りんご酢…小さじ1
マヨネーズ…大さじ2
EXVオリーブ油…大さじ1
塩…適量

じゃがいもはよく洗い、皮付きのままだし汁でゆで、熱いうちに皮をむいて、マッシャーなどでつぶす。りんご酢を加えて混ぜ、粗熱をとる。食べやすい大きさに切ったハム、塩揉みして水で洗い、水気を絞ったきゅうり、マヨネーズ、EXVオリーブ油、塩山椒を加え、さっくりと混ぜ合わせる。塩で味を調える。

山椒甘酢きゅうり

◎付け合わせにぴったりの爽やかな和えもの

主な材料（2人分）

・

塩山椒…大さじ1
山椒油…大さじ1
きゅうり…2本
A
生姜（すりおろす）…大さじ1
薄口醤油…小さじ1
りんご酢…小さじ2
砂糖…少々
塩…適量

きゅうりはピーラーで皮をところどころむき、塩をまぶして板ずりし、10分おいてから塩を洗い流す。すりこぎなどで全体を叩き割り、4〜5㎝長さに切る。塩山椒と山椒油、Aを加えて混ぜ、塩で味を調える。

山椒しゃぶしゃぶ

◎わが家の人気ナンバーワン鍋はコレ！

材料（2人分）

・

実山椒（塩山椒でも可）…30g
牛肉（しゃぶしゃぶ用）…200g
野菜（食べやすい大きさに切る）…適量
※白菜、ねぎ、椎茸、えのき茸、しめじ、芹、春菊、水菜、山東菜など３種類以上

だし汁…1.2ℓ

調味料
- 酒…大さじ2
- 薄口醤油…大さじ3
- みりん…大さじ2
- 塩…適量

ごまダレ
- 練りごま…大さじ3
- 醤油…大さじ1
- みりん…小さじ2
- 砂糖…小さじ1と1/2
- だし汁…大さじ2

だし汁に調味料を加え、濃いめのうどんだしくらいに調味し、鍋に入れる。火にかける直前に実山椒を加え、沸いたら肉や野菜をしゃぶしゃぶして、ごまダレにつけていただく。肉で野菜と実山椒を包むようにして食べるとよい。〆はうどんがおすすめ。

かえし

おそば屋さんのつけ汁やかけ汁に憧れて、かえしも自家製で作ってみたら、なんと便利なこと。煮物の味付けにも重宝するし、麺つゆもあっという間にできちゃいます。大した手間はかかりませんが、作ってから口にするまでに1週間以上かかります。シンプルなだけに、使う醤油で味が決まります。

材料（作りやすい分量）

・

醤油…500mℓ
砂糖…100g
みりん…50mℓ

鍋に醤油を入れて中火にかけ、60℃になったら砂糖を加えて溶かす。80℃になったらみりんを加え、20秒したら火を止める。粗熱が取れたら清潔な容器に入れ、冷暗所で1週間熟成させる。

使い道

・

◆麺のつけ汁：
　3～5倍のだし汁で割る。
◆かけそば：
　8～10倍のだし汁で割る。
◆煮物
◆食べれば揚げ出し豆腐（p.29）
◆豚しゃぶのぶっかけ素麺（p.33）
◆枝豆トマトのせ素麺（p.35）
◆味付け卵丼（p.73）
◆青じその和風スパゲッティ（p.90）
◆かき玉なめこうどん（p.91）
◆ホタテの冷やし中華（p.92）　など

XO醤

　年末に乾物を整理していたら、中途半端な量の貝柱と干しエビが出てきました。そこで、XO醤を作ることに。元祖は香港のペニンシュラホテルのものですが、今やレシピは料理人の数ほどあるというくらいなので、これでなくてはならないという約束事はないはず。買うと高価ですが、そのままお酒のアテになるし、調味に使えば旨みもプラスされる、あると便利なもの。

　前日に唐辛子と油で辣油を作り、貝柱と干しエビを水に浸けて戻しておけば、あとは簡単。生ハムや香味野菜（カピカピになってしまったカラスミなどもあれば）を加えて作ったら、自画自賛しちゃうくらいおいしい！　控えめに言って最高峰！　中華に使い方を限定することなく、ジャンルを超えて使えるよう、うちではUmAi醤（うまいじゃん）と命名しました。

材料（作りやすい分量）

・

干し貝柱…20g（3〜5個）
干しエビ…10g
生ハム（みじん切り）…1枚
生姜（みじん切り）…小さじ1
エシャロット（みじん切り／らっきょうでも可）
　…大さじ2
唐辛子…1本
辣油
　韓国産粉唐辛子（中びき）…大さじ2
　米油…150mℓ
ごま油…大さじ1
にんにくオイル（p.56）…小さじ1〜2
紹興酒…小さじ1
砂糖…小さじ1/2
塩…小さじ1/2

1. 干し貝柱と干しエビは、湯冷ましの水をひたひたに加えてひと晩おいて戻す。干し貝柱はほぐし、干しエビはみじん切りにする。
2. ボウルに韓国産粉唐辛子を入れ、熱した米油を一気に注ぎそのまま置いて辣油を作る。
3. 鍋にごま油とにんにくオイルを入れて火にかけ、うっすらと焦げ目がついたら、生姜とエシャロット、唐辛子を加え、しんなりするまで炒める。1の干し貝柱と干しエビ、戻し汁、紹興酒を加え、水分がなくなるまで炒める。
4. 2の辣油と生ハムを加え、沸騰させないように注意しながら5分くらい煮る。
5. 砂糖と塩を加えて混ぜ、溶けたら冷めないうちに清潔な瓶に詰める。冷蔵庫で保存する。

にんにくオイル

にんにくを使うたびに皮をむいて切って、という作業が意外と手間なので、みじん切りにしてオイル（米油や太白ごま油、オリーブ油、グレープシード油など酸化しにくいもの）に漬けておくことにしました。30分ほどかかりますが、これがあると料理のひと手間がなくなって、予想以上にラクできています。栽培中の土壌成分によって色が緑や青に変色することがあるので、かるく加熱しています。風味がよくなるし、香りが移ったオイルでガーリックトーストも作れるし、冷蔵庫で3ヶ月ほど日持ちします。

にんにくは皮をむき、芯を取り除き、みじん切りにします。フードプロセッサーがあれば利用して。ステンレスかホーローの鍋ににんにくを入れ、かぶるくらいのオイルを注いで弱火にかけ、にんにくに透明感が出るまで沸騰させずに加熱します。五徳にフライパンや焼き網などをのせると、ごく弱火を保つことができますよ。熱いうちに清潔な瓶に入れ、冷めてから蓋をします。

使い切り、食べ切りおかず

メイン食材は1～2種類だけ。それさえあればパパッと作れる気楽なおかずをたくさんご紹介します。こんなおかずのレパートリーが増えると、日々の炊事が楽しみになりますね。

牛たたきの焼き漬け

よく作っているので、フォロワーの方々にもすっかりおなじみの焼き漬け。ネットで見たレシピを参考に、わが家流にアレンジしながら作り続けています。ローストビーフ用の肉を使いますが、おすすめはトモサンカクという部位。常温に戻した牛肉の塊に塩を振り、にんにくの香りをつけた油で強火でさっと焼いてから、生姜風味のタレに漬けるだけ。ほぼ生の状態ですが、常温に冷めるまで漬けておくと肉汁が落ち着いて、ジューシーに仕上がります。冷蔵庫に入れると脂肪分が固まってしまうので、常温のまま自然に冷ますのがコツ。油に香りを移したにんにくは、塩を振っておつまみとしていただいても。

貝割れ大根がよく合います。うちでは、ご飯とぬか漬けサラダ（p.88）がお決まりの組み合わせ。

材料（2人分）

・

牛ロース肉（塊）…200〜300g
塩…肉の重量の1%
米油…大さじ2
にんにく…2片

漬けダレ

かえし（p.54／麺つゆ3倍希釈でも可）…75mℓ
水…90mℓ
おろし生姜の絞り汁…小さじ2

薬味

大根おろしやみょうがのせん切り、貝割れ大根
（刻んで冷水にさらしてから水気をよく拭く）など

1. 牛肉は冷蔵庫から出して30分ほど常温に置く。

2. 漬けダレの材料はポリ袋に入れて混ぜ、大さじ4を別の器に取り分ける。

3. にんにくは皮をむいてヘラで潰す。焼く直前に、牛肉全体に塩を振る。

4. フライパンに米油とにんにくを入れて弱火にかけ、じっくりと焼いてから取り出す。火を強火にし、牛肉を入れて全面に焦げ目がつくようにさっと焼く。すぐに2のポリ袋に入れて空気を抜き、袋の口を閉じる。このまま常温に1時間以上置き、冷ましながら味を染み込ませる。

5. 牛肉をスライスして器に盛り、薬味を添え、取り置いておいたタレをかけ、4のにんにくを添える。

強火で表面に焦げ目がつくまでさっと焼いてから、タレに漬けて冷ます。ポリ袋を使うと、少量のタレでも効率よく浸かる。

すき焼き肉のバター焼きポン酢

〝昭和の洋食〟といった風情の、わが家の定番メニュー。バター×ポン酢は間違いないおいしさで、困ったことにご飯がすすんでしまうのです。

すき焼き用の赤身肉に塩をぱらりと振り、バターでかるく両面を焼きます。面倒でも1枚ずつ開いてフライパンに広げてください。バターを溶かす前に少しだけ植物油を入れておくと、バターが焦げすぎる心配がありません。硬くなりがちなもも肉でも、バターのおかげで柔らかく焼き上がります。ヒレ肉でもOK。

食べるときは、大根おろし（できれば鬼おろしで）とポン酢、塩山椒（p.50）、柚子胡椒、黒胡椒などお好みで。アスパラガスやほうれん草、ブロッコリー、インゲンなどの野菜を添えるときは、塩ひとつまみと少しの水で蒸し煮にします。

材料（2人分）

・

牛肉（すき焼き用）…200g
バター…大さじ1
大根おろし…1/4本分
塩・胡椒…各適量
ポン酢・塩山椒（p.50）・柚子胡椒・黒胡椒
…各適宜

1. 牛肉は焼く直前に塩、胡椒を振る。フライパンにバターを入れて火にかけ、溶けて少し色付いてきたら、牛肉を広げながら入れる。色が変わり始めたら裏返し、すぐに器に取り出す。

2. 塩山椒をのせ、大根おろしやポン酢を添える。

カジキマグロのグリル サルサソース

材料（2人分）

・

カジキマグロ…2切れ

塩・胡椒…各適量

A

- にんにく（薄切り）…1片
- ローリエ…1枚
- タイム…4本
  ※あればローズマリーやセージなどを加えても
- オリーブ油…大さじ1

サルサソース

- B
  - ミニトマト（2〜4つ割り）…5個
  - 玉ねぎ（みじん切り）…1/6個
  - 青唐辛子（みじん切り）…1本
  - パセリ（みじん切り）…大さじ1
- ライムの絞り汁…大さじ2
- 塩・胡椒…各適量
- 薄口醤油（あればナンプラー）…少々

1. カジキマグロをさっと洗って水気を拭き、塩、胡椒を振ってポリ袋に入れ、Aを加える。空気を抜いて袋の口を閉じ、冷蔵庫で1時間以上置く（この状態で2〜3日保存できる）。
2. ボウルにサルサソースのBを入れて混ぜ、食べる直前にその他の材料を加えて混ぜる。
3. グリルパンを温め、1のカジキマグロの両面を焼く。器に盛り、サルサソースをかける。

魚料理はマンネリ化しがちという声をよく聞きますが、魚好きのわが家ではサルサソースをよく作ります。塩、胡椒を振ってマリネした魚を焼き、サルサソースをかけるだけ。

この南国風のサルサソースは、トマト、玉ねぎ、青唐辛子、パセリを切って、塩、胡椒、ライム果汁で調味したもの。ライムの風味によってぐんとエキゾチックな雰囲気になりますが、隠し味に醤油や魚醤をちょっと入れると、ご飯のおかずとしてもよく合います。白身魚や鮭などどんな魚でもOKです。エビやホタテ、鶏肉でもおいしいですよ。

白身魚のサルサビルバイーナ

スペインのバスク地方、ビルバオあたりの料理です。塩、胡椒して小麦粉をはたいた白身魚をソテーし、ワインビネガー入りのソースをかけるというもの。洋風南蛮漬けとでも言いましょうか。最近、ビネガーも高騰したのでりんご酢を使うようになりましたが、その酸味が夏らしく、脂ののった魚に合わせると悶絶のおいしさです。スズキ、ホウボウ、アジ、イワシ、アイナメ、タチウオ、穴子で作ってもおいしかった。

　魚を焼いたあとのフライパンにサルサソースの材料を入れ、かるく煮詰めるだけだから、フライパンひとつでできるのも魅力です。あればピーマンのみじん切りやバジル、セミドライトマトなどを加えてもいい。ぜひ、ワインと一緒に召し上がれ。

材料（2人分）

・

白身魚（タラ）…2切れ
塩・胡椒・小麦粉…各適量
オリーブ油…大さじ2

サルサソース

A
- にんにくオイル（p.56）…小さじ2
- オリーブ油…大さじ1
- 唐辛子…1本

B
- ミニトマト（半分に切る）…10個
- 白ワイン…大さじ2
- りんご酢…大さじ1
- 砂糖…小さじ1/2

塩・胡椒…各適量

パセリ（みじん切り）…小さじ1

1. 白身魚の切り身をさっと洗って水気を拭き、塩、胡椒を振ってから、小麦粉をまぶす。

2. フライパンにオリーブ油大さじ1を熱し、1を入れて焼く。オリーブ油大さじ1を加え、裏に返して焼く。

3. いったん取り出して火を止め、サルサソースを作る。フライパンをキッチンペーパーできれいに拭き、Aを入れて火にかける。香りが立ったらBを加え、塩、胡椒で味を調える。

4. 魚を戻し入れて全体がなじんだら火を止める。器に盛り、パセリをかける。

刺身のアグロドルチェ

お刺身もイタリア風のマリネにすると、目新しくて喜ばれます。タイやヒラメなどの白身魚のほか、アジやイワシなどの青魚、ホタテ、タコなどでもOK。エビやイカで作るときは、ワインと塩を加えた湯でさっとゆでて使います。数種類を混ぜ合わせれば、パーティ料理にもなる華やかさ。

生の魚には甘みのあるホワイトバルサミコ酢が私の鉄則。あれば季節の柑橘を絞ると、軽やかで爽やかな風味になります。特に暑い時期は、こんな酸っぱい味がうれしいですよね。なにせ山椒好きのわが家は、塩山椒もプラス。食べたあとのオイルを含んだハーブ甘酢をしらすご飯にかけるとすごくおいしいので、ぜひ〆にやってみてください。

材料（2人分）

・

タイの刺身…100g

A

- ホワイトバルサミコ酢…小さじ2
  ※砂糖ひとつまみ、またははちみつでも可
- 柑橘（レモン、すだち、かぼすなど）…適量
- EXVオリーブ油…大さじ2
- 塩…約1g

ハーブ（ディル、パセリ、バジルなど）…適量

塩山椒…適量

1. 刺身は薄くスライスし、器に盛る。
2. Aを混ぜて、甘みのあるドレッシングを作る。
3. 1に2をまんべんなくかけ、ハーブや塩山椒を散らす。

マグロのカルパッチョ
辛子ソース

昔、友人宅でアドリブで作ったら好評で、しばらく繰り返し作っていた料理です。高級なマグロより、キハダマグロやメジマグロ、メバチマグロなど、近海のさっぱりとしたマグロをうすーくスライスして使うほうがおいしい。のちに南イタリアではマグロをレモンと塩とオリーブ油で食べると知り、醤油だけではない刺身の食べ方を楽しく感じたものです。

自慢のソースは、和辛子とマスタードを混ぜ、ホワイトバルサミコ酢（またはワインビネガー）とEXVオリーブ油、塩、そして隠し味に砂糖と醤油を少し。和辛子だけでは鼻にツンとくるし、マスタードだけでは軽すぎる。このバランスがいいのです。玉ねぎのスライスを添え、食べる直前にレモンを絞ります。

材料（2人分）

・

マグロの刺身…1冊（約150g）
玉ねぎ…1/4個

辛子ソース

和辛子…小さじ1
マスタード…小さじ2
醤油…小さじ1
砂糖…ひとつまみ
塩…少々
ホワイトバルサミコ酢…小さじ2
EXVオリーブ油…大さじ2

1. 玉ねぎは薄切りにし、冷水にさらしてから、水気をしっかり切る。
2. 辛子ソースの材料を混ぜる。
3. マグロを薄めに切って器に盛り、1をのせ、辛子ソースをかける。好みでレモンを絞りかけても。

パンにも合うけれど、辛子ソースをだし醤油で割ったタレにマグロを漬けて、酢飯にのせた鉄火丼もおすすめ。

鶏ささ身フリット

主な材料（2人分）

・

鶏ささ身…200g
パン粉（細かめ）…適量
塩・胡椒…各適量
バッター液（混ぜる）
　おろしチーズ…大さじ2
　小麦粉…大さじ3
　溶き卵…1/2個分
　水…大さじ1〜1と1/2

　ヘルシーなはずのささ身ですが、フリットにしたらカロリーは……。でも、おいしいからいいのです。時間があれば、前日から100mℓの水に塩と砂糖を各小さじ1/2ずつ入れたブライン液に漬けておくと、しっとり柔らかく仕上がります。ささ身はスジを取り除いてから叩いて均一の厚さにし、塩（ブライン液に漬けた場合はなし）、胡椒を振ってバッター液→パン粉の順につけて揚げ焼きにします。

　このフリットのおいしさは衣にあります。おろしたチーズを加えたバッター液でパン粉をつけるので、コクが出てカリッと仕上がるのです。タラやカジキ、鮭など魚のフライをこのバッター液で作ってもおいしい。私は塩で食べるのが好きですが、夫は昔ながらの「リーペリン ウスターソース」派。または左ページのスパイシーカレータルタルソースもぜひお試しあれ。

スパイシーカレータルタルソース

早朝の夢のなかで、フライにつけて食べているソースがおいしくて目が覚めた！　なんと味までちゃんと記憶にあるのです。これこそ「夢中」になるソース……（笑）。材料をすべて混ぜるだけ（カレー粉は先にマヨネーズで溶いておくとよい）。スパイシーなのがお好きならカイエンペッパーや一味唐辛子を加えてもいいですね。ゆで卵を入れたり、玉ねぎの代わりにらっきょう漬け、パセリの代わりにディルを使ってもおいしいですよ。

主な材料（2人分）

・

玉ねぎ（みじん切り）…1/6個
ピクルス（みじん切り）…玉ねぎの半量
ケイパー（みじん切り）…小さじ2
パセリ（みじん切り）…小さじ2
カレー粉…小さじ1
マヨネーズ…大さじ4
にんにく（すりおろす）…少々
塩・胡椒…各適量

ウフマヨ

農林水産省が推奨している方法を試してみたら、なんとそれまでの⅓の熱量で作れたので、以来、うちのゆで卵はずっとこの省エネタイプ。

16～20㎝径の蓋付き鍋に、冷蔵庫から出した卵4個を入れ、卵の1㎝ほどの高さまで水を入れて蓋をし、中強火にかけます。5分後に火を止め、そのまま5分蒸らしてから冷水で急冷させれば、理想の半熟に仕上がります。ガス代だけでなく暑さも軽減できるので、真夏にも助かりますね。キャベツやにんじんのラペを添えて、すべての材料を混ぜたソースをかければ、素敵なひと皿ができ上がり！

マヨソースの材料（ゆで卵2個分）

・

マヨネーズ…大さじ2
ヨーグルト…大さじ1
EXVオリーブ油…大さじ1
レモン汁…小さじ2
にんにく（すりおろし）…ごく少々
塩・胡椒…各適宜

味付け卵丼

一人のお昼ごはんは、いつもこんな気楽な感じです。味付け卵は、右ページの省エネゆで卵の殻をむいてから、漬けダレの材料を混ぜて煮切ったものにひと晩漬けておくだけ。急いでいる場合は、かえし（p.54）を大さじ3に増量した漬けダレに3時間ほど漬け込みます。ポリ袋の中で卵がすっぽり浸かるようにするとよいのですが、密閉容器などを使う場合は途中で上下を返してください。この味付け卵をご飯にのせて、にらやピーマンをごま油で炒め、塩と紹興酒、醤油で調味したものを添えれば、栄養バランスも満点です。

漬けダレの材料（ゆで卵2個分）

・

かえし（p.54）…大さじ2
だし（水でも可）…大さじ4
みりん…大さじ2
おろし生姜の絞り汁…小さじ1
にんにく（すりおろし）…適宜

ローズマリー里芋

フライドポテトを里芋で作ると、周りはカリッと香ばしく、中はねっとりとして、とってもおいしいのです。ローズマリーとガーリックの誘惑の芳香に、ついつい手が止まらないこと請け合いです。

よーく洗って皮付きのままカットした里芋に小麦粉をまぶし、ローズマリーと皮付きのにんにくと一緒に深さのあるフライパンに入れ、里芋の半分の高さまでオリーブ油や米油を注ぎ、中火にかけます。途中で上下を返し、おいしそうな揚げ色がつき、カリッとしてきたら取り出し、塩を振って。揚げ時間はだいたい10分くらいでしょうか。ビールが欲しくなりますね。

主な材料（2人分）

・

里芋…5〜6個
にんにく…3〜4片
ローズマリー…2枝
小麦粉・揚げ油・塩…各適量

里芋のねぎ油炒め煮

上海風の料理ではありますが、和食にも洋食にも副菜として合わせられるよう、煮っころがしのようなやさしい味わいに作っています。でき立てはちょっと味がぼやけていますが、冷めると味が染みておいしい。鍋ひとつでできるのもいいところ。

厚手の蓋付き鍋に、みじん切りにした長ねぎと米油を入れて火にかけ、香りが立ったら皮をむいて2㎝厚さに切った里芋を加えて混ぜ、鶏スープを加えて蓋をします。2分ほどしてから上下を返し、水分が足りなければ水か鶏スープを足し、さらに加熱します。柔らかくなったら蓋を外して水分を飛ばし、塩で味を調え、小口切りの細ねぎとごま油を加えて混ぜれば完成。

主な材料（2人分）

・

里芋…500g
長ねぎ…12㎝
細ねぎ…8本
鶏スープ…150㎖〜
米油…大さじ2〜3
塩・ごま油…各適量

フレンチ肉じゃが

肉じゃがと言いながらも肉はなし。ブルターニュ風のトマポテで、昔むかしにフレンチレストランで習ったときに、「これはフランス風の肉じゃがです」と言われたのでわが家ではこう呼んでいるのです。ほっとするおいしさで、じゃがいも好きの夫はおかわりするほど。

鍋にオリーブ油とにんにくオイル（p.56）を入れて火にかけ、香りが立ったら、皮をむいて1cm厚さに切ったじゃがいもを入れて炒めます。2cm角に切ったトマトをのせ、鶏スープを注ぎ、落とし蓋をして20分ほど煮たら、塩、胡椒で味を調えてでき上がり。

厚手の鋳物鍋で作っていますが、薄手の鍋を使う場合や、トマトの水分が少ない場合は、じゃがいもに火が通るまで、鶏スープを足して調整してください。

材料（2人分）

・

じゃがいも（メークイン）
…380g

トマト…2個

にんにくオイル（p.56）
…小さじ1

オリーブ油…大さじ2

鶏スープ…100mℓ〜

塩・胡椒…各適量

ピーマンの油焼き

　昔からよく作っているおかずです。ピーマンのほか、ししとう、万願寺唐辛子などでも作ります。野菜ひとつでできるので、「なにかもう一品欲しいな」というときにパパッと手軽に作れるのがいいところ。前はこれにおかかをのせていましたが、今はシンプルに食べるのが好き。ピーマンは四つ割りに切って種を取り、ごま油で外側を焼きつけてから裏に返し、醤油をひとまわし。香ばしい香りがしてきたら完成です。

材料（2人分）

・

ピーマン…5個
ごま油…大さじ1と1/2
醤油…適量

ブロッコリーのトルティージャ

材料（18㎝径のフライパン1個分）

・

ブロッコリー…1/2株
玉ねぎ（みじん切り）…中1/2個
にんにくオイル（p.56）…小さじ1
卵…3個
おろしチーズ（パルミジャーノ・レッジャーノなど）
…大さじ2
塩…適量
オリーブ油…適量

1. フライパンにオリーブ油を熱し、玉ねぎを入れて炒める。にんにくオイルを加え、しんなりして水分が減ったらいったん取り出して冷ます。

2. 同じフライパンに、茎を切り落として2〜3㎝大に切ったブロッコリーと塩ひとつまみ、水30mℓを入れ、蓋をして弱火にかける。途中で水分がなくなったら足しながら柔らかくなるまで蒸し煮にし、人肌まで冷ます。

3. ボウルに卵を溶き、チーズと1の玉ねぎ、2のブロッコリーを加えて混ぜる。

4. フライパンをきれいに拭き、オリーブ油大さじ1を入れて火にかけ、3を一気に流し入れる。周りが固まってきたら、中心に卵液を寄せていくような感じで大きく混ぜる。火をごく弱火にして蓋をし、1〜2分焼く。

5. 裏に返し（器にすべらせるように移動させ、その器にフライパンをかぶせて返すとよい）、裏側も固まる程度に焼く。

トルティージャとはスペイン風オムレツのこと。溶き卵に炒めた具材を混ぜ、フライパンの形に丸く焼き上げます。厚手なのでフライ返しでは裏に返すのが難しく、大皿などを使って裏返すと失敗しません。弱火で蒸し焼きにし、中までしっかり火を通すのがポイント。じゃがいも＆玉ねぎやきのこのデュクセル（p.26）、れんこん、カリフラワーなどでも。

切り干しのソムタム

ソムタムは青いパパイヤのサラダのこと。うちでは水で戻した切り干し大根で代用し、生の大根も入れて食感のメリハリをつけています。あればレモングラスの内側の柔らかいところをみじん切りにして加えると、タイに行った気分に。

干しエビとピーナッツはフライパンで炒ってから刻むか砕くかし、切り干し大根は水に15分ほど浸けて戻してから水気を絞ります。インゲンは硬めにゆでて3～4cm長さに切っておけば準備OK。あとはせん切りの大根とにんじんをすりこぎでかるく叩いてから、切り干し大根とほかの野菜を加えて混ぜ、干しエビとピーナッツ、ドレッシングを加えてよく混ぜます。器に盛り、パクチーとライムを添えれば完成。

材料（2人分）

・

切り干し大根…25g
大根（せん切り）…3cm
にんじん（せん切り）…2cm
ミニトマト（半分に切る）…6個
インゲン…5～6本
干しエビ…大さじ2
ピーナッツ（粗く砕いたカシューナッツでも可）…大さじ3

ドレッシング

- ライム果汁…大さじ1/2
- 砂糖…大さじ1と1/2
- ナンプラー…大さじ1と1/2
- にんにく（すりおろす）…少々
- 唐辛子（小口切り）…1～2本

パクチー…1株
ライム（レモン）…1/4個

割り干しのナムル

野菜がなんにもない！　なんてときは、乾物コーナーをごそごそ……。常備している干し大根があれば、煮物にするだけでなく、卵焼きにしたり、サラダにしたりと大活躍。ナムルは、水で戻して水気をよく絞り、食べやすい大きさに切った割り干し大根を、中びきの粉唐粉辛子、おろしにんにく、ごま油、塩で和えるだけ。欠かせないのがレモンの皮を刻んだもの。これが絶妙なアクセントになり、撮影時の評判が思いのほかよかった一品です。

もちろん切り干し大根でも作れますが、割り干しのパリパリとした食感がよいアクセントとなるのでぜひお試しを。

材料（2人分）

・

割り干し大根…1/3袋（約30g）
韓国産粉唐辛子（中びき）…小さじ1
にんにく（すりおろす）…小さじ1/4
ごま油…大さじ1
塩…小さじ1/4
レモンの皮（せん切り）…適量

新じゃがのりバター煮っころがし

新じゃがや小粒のじゃがいもは、皮付きのまま煮っころがしにするのがいちばんおいしい。よく洗い、竹串を数カ所に刺しておきましょう。大きい場合は半分、または¼にカット。鍋にじゃがいもを入れ、だし汁をひたひたに注ぎ、砂糖を加えて落とし蓋をして弱火でことこと。煮立ってきたらアクを取り、2分ほどしたら醤油を加え、芯が柔らかくなるまで煮ます。落とし蓋を取って煮汁を煮詰め、仕上げにみりんでツヤを出したら火を止めて、バターを加え、青のりを振って混ぜれば完成です。鍋に少しだけ残った煮汁は、ご飯にかけると幸せの味ですよ。

材料（2人分）
・
新じゃがいも…250g
だし汁…200～300mℓ
砂糖…小さじ2
醤油…大さじ1
みりん…小さじ1
バター…大さじ3
青のり（もみのりでも可）…小さじ1/2

インゲンと納豆の台湾風炒め

ある日、豚ひき肉とインゲンの炒めものを作ろうと思ったら肉が足りず、ふと納豆を加えてみたのです。これが大当たり！ 豚ひき肉とインゲンだけだと上海風になるところが、納豆を入れると台湾風に変身します（あくまで私のイメージです）。

豚ひき肉を炒め、肉汁が透明になったらにんにくオイル（p.56）と長ねぎを加え、香りが立ったら紹興酒を振り、インゲンを加えます。調味料を加えてひと混ぜし、蓋をしてときどき混ぜながら蒸し煮にします。インゲンが柔らかくなったら納豆を加え、塩で味を調えます。ご飯にのせてレンゲで食べると、たまらないおいしさ！ ご飯がすすみます。

材料（2人分）

・

インゲン（1cm長さに切る）…1袋（約100g）
納豆…1パック
豚ひき肉…150g
にんにくオイル（p.56）…小さじ1
長ねぎ（みじん切り）…大さじ3
紹興酒…大さじ1
調味料
　砂糖…小さじ2
　醤油…小さじ1
　オイスターソース…小さじ1
　甜麺醤…小さじ1
塩…適量

大根の餡かけ

「なーんだ、ただの大根のせん切りを炊いただけ？」なんて声が聞こえてきそうですが、これが食べたら唸る、上等な味わいなのですよ。

大根はせん切りにして（できれば一度ゆでこぼしてから）、昆布を浸けた水と合わせて鍋に入れて火にかけ、沸騰直前に昆布を取り出して弱火にします。大根が柔らかくなったら、ザルを重ねたボウルに流し、煮汁と大根に分けます。煮汁に鰹節を加えて火にかけ、沸騰したら30秒で火を止め、ザルに上げて漉し、塩で味を調えます。同量の水で溶いた葛粉をまわし入れ、混ぜてとろみが出たら大根を戻し入れます。器に盛り、吸い口に柚子の皮を。冬の間に何度も作りたくなる、自慢のメニューです。

材料（2人分）

・

大根（せん切り）…1/4本

昆布（500㎖の水に30分以上浸ける）…10㎝角1枚

鰹節（血合いのないもの）…30g

塩…適量

葛粉（片栗粉でも可）…大さじ1と1/3

柚子の皮（せん切り）…適宜

タコのだしポテサラ

じゃがいもは皮のままよく洗い、皮付きのにんにくと一緒にだし汁でゆで、タオルで包みながら皮をむきます。にんにくとじゃがいもの風味がついたゆで汁は、おいしいスープになるので捨てないで（ゆでたにんにくを浮き身にして、オイルと塩で味を調える）。皮をむいたじゃがいもと、にんにくの1/4を一緒につぶし、油と塩を加えて混ぜます。粗熱がとれたら、小口切りにして塩もみしたセロリと、食べやすい大きさに切ったタコ、ポン酢を加えて混ぜ、薄口醤油や塩で味を調えて。パサつくようならゆで汁を少し加え、食べる直前に手でちぎった青じそを混ぜるのもおすすめ。うちでは、蒸し鶏を作るとき、蒸篭の下の鍋でじゃがいもをゆでたりしています。いぶりがっこ＋焼豚＋パセリに代えても美味。

材料（2人分）

・

じゃがいも（男爵）…3個
ゆでダコ…50g
にんにく…1片
セロリ…1/2本

だし汁…300〜400㎖
EXVオリーブ油（米油でも可）…大さじ1と1/2
ポン酢…大さじ1
薄口醤油・塩…各適量

れんこんのアンチョビガーリックステーキ

アンチョビガーリックソテーは、芽キャベツで作ったら反響が多かったメニュー。れんこんステーキにしてもおいしいし、ブロッコリーに変えたり、イカを加えたりしてもいいと思います。

フライパンにアンチョビとバターを入れて熱し、分厚く切ったれんこんを焼きます。焼き色がついたら裏に返して白ワインを振り、蓋をして火を弱めてじっくり焼きましょう。透明感が出てきたらにんにくオイル（p.56）をフライパンの端に入れて香りを出し、仕上げにバルサミコ酢を振ってツヤを出すと、思わずお腹がぐーっと鳴ります。

材料（2人分）

・

れんこん（2〜3㎝厚さに切る）…約250g
アンチョビ…4枚
バター（オリーブ油でも可）…大さじ2
にんにくオイル（p.56）…小さじ1
白ワイン…大さじ1
バルサミコ酢…小さじ1

ぬか漬けサラダ

夏だけでなく、冬もかぶや白菜、大根などのぬか漬けをよく食べます。EXVオリーブ油をかけると、ぬか漬けの酸味がマイルドになってぐんと食べやすくなるのです。好みで醤油や柑橘果汁を加えたり、みょうが、生姜、青じそなどの薬味を和えてもとってもおいしい。20年来のお気に入りの食べ方です。漬かり具合がイマイチなときは、ハムやツナ、蒸し鶏などを少し加えることもあります。

材料（2人分）

・

浅漬けのぬか漬け…適量
EXVオリーブ油、醤油、柑橘果汁
…各適量

ひと皿で完結 麺・ご飯料理

炭水化物が大好きなわが家。数日食べないと禁断症状が出てくる麺料理や、一品で完結してもよし、少なめにすれば〆にもちょうどよしのご飯料理など、殿堂入りレシピだけをご紹介します。

青じその
和風スパゲッティ

どうしてもお醤油味のパスタが食べたくなるときがあります。椎茸やしめじなどのきのこを入れて、青じそたっぷりがおいしい。もちろん塩山椒（p.50）をトッピングしても◎。かえし（p.54）で味をつけましたが、麺つゆでもOKです。パスタのゆで汁をフライパンへ加えて乳化させるのがコツ。プロとは違う家庭の味ですが、食べるとなんだかホッとします。パスタ一品で完結はするのですが、タンパク質もとらなくてはと思い、ソーセージのかるい煮込みを添えたりしています。

材料（2人分）

・

スパゲッティーニ…160g
椎茸（せん切り）…4個
※しめじ1/2パックでも可
ベーコン（2mm幅に切る）…3枚
青じそ…20枚
塩…大さじ1
オリーブ油…小さじ1/2

A
- オリーブ油…大さじ1
- にんにくオイル（p.56／生のみじん切りでも可）…小さじ1
- 唐辛子…1本

B
- かえし（p.54／麺つゆでも可）…大さじ1
- 酒…小さじ2

1. 大鍋に2ℓの湯を沸かし、塩を入れ、スパゲッティーニを袋の表示より2分短い時間でゆでる。

2. ゆでている間に、フライパンにオリーブ油とベーコンを入れて火にかけ、炒める。火が通ったら余分な脂を拭き取り、Aを加え、香りが立ったら椎茸を加えて炒める。**1**のゆで汁を50mℓほど加えて混ぜながら乳化させる。

3. ゆで上がったスパゲッティーニを加えてひと混ぜし、Bを加えて水分がなくなるまで煮からめる。

4. 器に盛り、青じそをちぎって添える。

かき玉なめこうどん

寒くなってくると、温かい汁ものを欲しますよね。イメージは町のおそば屋さんの餡かけかき玉うどんですが、餡ではなくなめこでとろみをつけて、アツアツ、とろとろをいただきます。酒炒りきのこ（p.28）を利用してもおいしいですよ。

材料（2人分）

・

うどん…2玉
なめこ…1パック
溶き卵…1個分
かえし（p.54）…80mℓ
だし汁…640mℓ
三つ葉・七味…各適宜

1. 鍋に湯を沸かし、うどんをゆでる。
2. 別の鍋にかえしとだし汁を入れて火にかけ、なめこを加えて混ぜる。沸騰したら溶き卵を少しずつ流し入れ、火を止めて箸で大きくかき混ぜる。
3. うどんを器に盛り、2を注ぎ、ざく切りにした三つ葉を添え、七味を振る。

ホタテの冷やし中華

これは家族全員の大好物。夏の間、中華麺さえあればいつでも作れるよう、冷凍ホタテときゅうり、みょうがは常備しています。

ホタテは冷凍のまま蓋付きの鍋に入れ、少しの塩と酒で蒸します。その蒸し汁をタレに入れて、レモン汁とごま油で風味づけ。ゆで上がった麺も器もキンキンに冷やしておくこと、麺は細麺、きゅうりとみょうがはなるべく細く切ることにはこだわります。お好みで、練り辛子やわさびを添えてどうぞ。

材料（2人分）

・

中華麺…2玉
ホタテ（刺身用冷凍）…2～4個
酒…大さじ2
塩…ひとつまみ
きゅうり（せん切り）…小1本
みょうが（せん切り）…1個

タレ

ホタテの蒸し汁…大さじ2
かえし（p.54）…40mℓ
だし汁…40mℓ
酢…20mℓ
水…10mℓ
砂糖…小さじ2
ごま油…小さじ1
レモン汁…小さじ2

練り辛子…適宜

1. ホタテは酒と塩と一緒に蓋付きの小鍋に入れ、蓋をして火にかけ、1分したら裏返してさらに1分加熱する。取り出して、蒸し汁を取り分ける。
2. タレの材料を混ぜて冷やしておく。みょうがは冷水にさらしてから水気をしっかり切る。
3. 鍋にたっぷりの湯を沸かして中華麺をゆで、氷水でしっかりと締める。冷やした器に盛り、タレを半量まわしかける。具材をのせたら残りのタレをかけ、好みで練り辛子を添える。

香港炒《チャー》麺《メン》

材料（2人分）

全蛋麺（香港式たまご麺／p.6）…４玉
もやし…ひとつかみ
にら…２本
米油…大さじ1
にんにくオイル（p.56）…小さじ1
オイスターソース…大さじ1
醤油…小さじ２
ねぎ油（p.104）…適宜
塩…ひとつまみ
ごま油…適量

1. 鍋にたっぷりの湯を沸かし、麺を入れてゆでる。ほぐれにくいので、入れた直後は30秒ほど触らないこと。ほぐれたらすぐにザルに上げ、食べやすい長さにキッチンバサミでカットする。ゆで汁は捨てないで取っておく。

2. フライパンに米油とにんにくオイルを入れて火にかけ、香りが立ったらもやしを入れて広げ、焼きつけるようにして水分を飛ばす。

3. 麺を加え、ゆで汁を100～120㎖入れて麺が柔らかくなるまでゆでる。ざっと混ぜてから強火にし、少し焦がすように焼きつける。裏に返して、また端が焦げるくらいまで焼きつける。

4. オイスターソースを加えてよく混ぜ、あればねぎ油と醤油を鍋肌に加えて混ぜる。塩で味を調え、仕上げにごま油をかけ、にらを加えて混ぜる。

香港旅行中の朝ごはんは、街のお粥屋さんでお粥と炒麺をセットで注文します。炒麺は焼きそばのようなものだけど、ソースではなく醤油味。中国の甘めのたまり醤油が使われているから黒っぽい色だけど、食べるとしょっぱくないのです。朝ごはんやおやつにもぴったりの軽さ。現地ではもやしが少しだけ入っているくらいで、〝素〟焼きそばという風情がいいのです。香港スタイルには、決して肉を入れてはナリマセン。

貝柱の煮込み麺

香港で食べた思い出の味は、貝柱がたくさん入った上湯（シャンタン）、そしてゆですぎなくらいの柔らかい麺。わが家では鶏スープにXO醤（p.55）で旨みをプラスして作ります。短時間ですが、煮込むことで麺においしいスープを染み込ませます。

オイスターソースは商品によって味がけっこう異なるので、味を見ながら調整を。たまり醤油も中国のものを使っていますが、日本のたまり醤油を使う場合は、大さじ⅔くらいで足りるはず。伊府麺（p.6）を使うと、煮込んでもちぎれないのでおすすめです。仕上げにごま油や鶏油（p.104）を加えるとさらに美味。

材料（2人分）

・

中華麺（伊府麺／p.6）…2玉
干し貝柱…3個
黄にら（4cm長さに切る）…1束
鶏スープ…250㎖
長ねぎ（みじん切り）…大さじ1
生姜（みじん切り）…小さじ2
XO醤（p.55）…大さじ1
オイスターソース…大さじ1
たまり醤油…大さじ1
米油…大さじ1
塩…適量

1. 干し貝柱は水120㎖に浸けて1日以上置く。

2. 鍋に米油と長ねぎ、生姜を入れて炒め、貝柱と戻し汁、XO醤、鶏スープを加え、貝柱が柔らかくなるまで煮る。

3. 別の鍋に湯を沸かし、中華麺を入れてほぐし、10秒したらザルに上げる。水で洗ってぬめりを落とし、水気をよく切り、**2**の鍋に入れる。オイスターソースとたまり醤油、塩で調味し、汁気を麺が吸うまで煮込み、火を止める。黄にらを加えて混ぜる。

脱水ブリご飯

魚は塩焼きや照り焼きで食べるのもいいけれど、それをご飯にのせて蒸らすのが大好きな食べ方です。ご飯は薄味をつけて、生姜をたっぷりのせて炊き、炊き上がりに焼いた魚をのせて蓋をし、15分待ちます。薬味や、塩もみした大根葉やかぶの葉をたっぷり加えて混ぜ込めば、まるで手の込んだ炊き込みご飯のようになるのです。夫も「旨い！　なにこれ！」と大喜び。

　これ、実は魚に塩を振ってから、脱水シート（またはキッチンタオル）でくるみ、3日ほど寝かせるのがポイント。臭みがなくなり、旨みがぎゅっと凝縮するのです。サンマやサバなら塩焼きで、ブリやカジキなら照り焼きで。

材料（2人分）

・

ブリ…2切れ
米…1と1/2合
生姜（せん切り）…大さじ2
A（だし汁と調味料を合わせていつもの水分量にする）
　だし汁（冷やしておく）…280〜310mℓ
　薄口醤油…小さじ2
　酒…小さじ2
　みりん…小さじ1
漬けダレ
　酒…大さじ3
　醤油・みりん…各大さじ1と1/2
細ねぎ（小口切り）…適量
塩…適量
柑橘（青柚子・すだち・かぼすなど）…適宜

1. ブリはさっと水洗いして水分をよく拭き取り、塩（魚の重さの1％弱）をまんべんなく振り、キッチンタオルで二重に包む。ポリ袋に入れて1℃の冷蔵スペース（あればチルド室）で1〜3日寝かせる。1日目はキッチンタオルを2回取り替えること。
2. 米の上に生姜をのせ、Aを加えて30分ほどおいてから炊く。
3. ブリは漬けダレに30分ほど漬けてから、ご飯の炊き上がりに合わせてフライパンやグリルで焼き、漬けダレをからめる。
4. ご飯が炊き上がったら、上に3を漬けダレごとのせ、蓋をして蒸らす。細ねぎを加えて混ぜ、器に盛る。好みで柑橘の皮をおろしかけたり、果汁を絞りかけたりしていただく。

台湾茶粥

「昔々、お世話になった台湾の知人の家で、二日酔いや食欲不振のときにばあやが作ってくれた家庭の味」と夫から聞き、作るようになったメニューです。鉄観音系の台湾茶を使いますが、台湾や香港のお粥屋さんでは一度も見かけたことがありません。どうやら、そのばあやの雇い主が、日本の茶粥を元に作らせていた模様。おかずがどうでもよくなるくらいおいしく、宝物レシピとなりました。鶏スープを使った6倍粥ですから、最初はそのままどうぞ。あとで、搾菜や梅干し、XO醬（p.55）、塩山椒（p.50）、じゃこなど好きなもので味変するのも楽しいものです。茶葉は膨らんでパックからはみ出してしまいがちなので、二つに分けて入れるといいですよ。

材料（2人分）

・

米…3/4〜1カップ
鶏スープ（中華だしでも可）…900〜1200㎖
鉄観音茶葉（だしパックなどで包む）…大さじ1
塩…適量
搾菜や梅干しなど…適量

1. 鶏スープを土鍋に入れ、沸騰したら米を加える。時々かき混ぜながら煮て、水分が半量になるくらいまで煮詰まったら、茶葉を加える。

2. 好みの煮詰め具合になったら、塩で薄めに調味する。

玉ねぎで煮る牛丼

家で作ると断然おいしい、年代問わずの人気者です。牛肉の切り落としを使いますが、お肉の質で味が変わります。コツは、大量の玉ねぎを使うこと。蓋付きの厚手鍋に玉ねぎを敷き詰め、その上に牛肉をのせ、砂糖と醤油を加えて煮ていきます。ここでかき混ぜてはいけません。玉ねぎの水分が完全に出切ってから、かき混ぜます。酒もみりんも水もだし汁もなし。玉ねぎの水分だけで煮るのがポイントです。

材料（2人分）

・

玉ねぎ…大1個
牛肉（切り落とし）…200g
ご飯…茶碗2膳
砂糖…大さじ3
醤油…大さじ4
塩…適量
紅生姜…適量

1. 玉ねぎは縦に薄切りにし、厚手の鍋に敷き詰める。牛肉をほぐしながら重ね、砂糖を振り入れ、蓋をして中火にかける。玉ねぎから水分が出て沸騰したら火を弱め、醤油を加えてまた蓋をし、2〜3分煮る。全体を混ぜ、塩で味を調える。

2. ご飯を器に盛り、1をのせ、煮汁をかけて紅生姜を添える。

隅々まで味わう 始末料理

野菜のヘタや魚のアラ、鶏肉の皮、ちょっと残ったハーブなどなど、私にとってはすべてお宝。絶対に捨てることなく、おいしく使い切れると気分がいいのです。合い言葉は「始末のよい料理」。

✓セロリの葉で香味パウダー

洋食の香味野菜といえば、玉ねぎ、にんじん、セロリですが、常備しているのは前の2つだけ。そこで役立つのが、このセロリパウダーです。セロリが冷蔵庫になくても、このパウダーがあれば風味づけできます。ピラフ、カレー、ハンバーグ、ミートソース、シチュー、スープ、ドレッシングなどなど、このセロリパウダーを少し加えるだけで、味にぐんと深みが増すのです。

　このパウダーは、余りがちなセロリの葉を活用して作ります。多少、黄色くなってしまっていても大丈夫。洗ってよく乾かしてから、低温のオーブンでじっくりとドライにしましょう。予熱なしの100℃で60～90分ほど、量によって調整してください。パリパリになったらミルやブレンダーで細かく粉砕します。すり鉢でもいいし、少々粗くてもいいならば、手で揉むだけでもよいのです。ぜひお試しを！

✓ちょっと残ったハーブは ハーブバターやハーブオイル、ハーブビネガーに

ハーブを買ってくると、１パック使いきれないという声をよく聞きます。うちではベランダの小さなスペースでハーブを栽培しているので、使う分だけ摘めばいいのですが、剪定などで多めに収穫することも。全部を使い切れないときは、酢やオリーブ油に漬けたり、刻んでバターに混ぜ込んでおくようにしています。バジル、タイム、イタリアンパセリ、セージ、オレガノ、ディル、ローズマリーなどなんでもＯＫ。１種類でもいいし、いくつかブレンドするのも楽しい。風味をキープできるうえ、あるととっても便利なのです。オイルやビネガーは料理の仕上げに使うと、味に奥行きを出してくれるし、魚や肉の臭みを和らげてくれる効果も。

　ハーブバターは無塩の発酵バター１００ｇを室温に戻して、刻んだハーブ大さじ3と、おろしにんにく小さじ1を混ぜ、オーブンシートにくるんで棒状に調えて冷やし固めて作ります。パセリとにんにくで作れば、ブルギニョンバターに。冷凍保存しておき、必要な分だけ切って野菜の蒸し煮や魚のソテー、鶏のグリルなどの仕上げに加えてみてください。ゆでたパスタを和えるだけ、パンにのせて焼くだけでも絶品です。

✓ 鶏皮から鶏油《チーユ》を取る

鶏肉を料理するとき、取り除いた皮は捨てずに冷凍庫にためておき、300gほどたまったら鶏油を作ります。これがあると、スープやラーメン、炒飯、野菜の炒めものなどに風味とコクを出してくれるのです。ねぎ油や顆粒鶏だしの代わりにもなるので、作っておいて損はないですよ。

　作り方は簡単。鶏皮は3～4㎝角に切って、水分をキッチンタオルでよく拭き取ります。長ねぎの青いところは3～4㎝長さに切り、生姜は厚切りを2枚ほど用意。フライパンや中華鍋に米油小さじ2を入れ、鶏皮を広げながら並べ、中火にかけます。フライパンが温まったら焦げないよう弱火にし、長ねぎと生姜を加え、何度も裏返しながらカリカリになるまで30分ほど焼きます。焦げると苦くなるので要注意。出てきた脂を茶漉しなどで漉しながら瓶に入れて保存します。常温なら冷えると白っぽく固まります。1週間ほど、冷蔵庫なら1カ月ほど持ちます。カリカリの鶏皮は取り出して、塩と七味を振っておつまみに。

✓ 長ねぎの青いところはねぎ油に利用する

ねぎ油は市販品もありますが，捨てがちな長ねぎの青い部分を使って自分で作れます。自家製の香りの良さは格別。長ねぎは3本分の青いところを3㎝長さに切り、生姜30gとにんにく2片（芯は取り除く）はそれぞれ半分に切ってからつぶします。鍋にすべて入れ、米油200㎖を注ぎ、火にかけます。温まってきたら弱火にし、じっくりと30分ほど加熱して長ねぎの香りを移します。長ねぎやにんにくは茶色く色づきますが、黒くなると苦味が出るので注意して。

　これも鶏油と同じように、炒めものや炒飯、中華麺の仕上げに入れると、コクと風味を出せるので重宝しますよ。

✓ くず野菜でだしを取る

にんじんや大根、玉ねぎ、りんごなどの野菜や果物の皮やヘタ、ハーブの茎、豆のさや、椎茸の軸などは、捨てずにポリ袋に入れて冷蔵庫へ。2〜3日分たまったら、煮出してだしを取ります。茶葉・だしパックなどを利用してもいいし、ガーゼにくるんでもOK。これだけで煮出せばベジブロスに、鶏がらなどと合わせればチキンブイヨンに。うちでは大鍋に鶏がらや骨付き鶏、鶏肉のスジや余分な脂などを入れ、その鍋に手付きゆでザルをかけて一緒に煮出しています。

カレーやポタージュ、煮込み料理に使うと、ぐんとおいしくなりますよ。

✓魚一匹を丸ごと骨まで使い尽くす

築地市場が近いので、魚を丸ごと買うこともよくあります。高いように思えて、全てを使い回せば意外と経済的だったりするのですよ。だからさばいてもらったときも、骨や皮、アラなども必ずつけてもらうようお願いしています。例えばタイを一匹買ったなら、身はお刺身や昆布じめ、カルパッチョ、焼きもの、煮付け、蒸しもの、ソテーなどに使います。

お刺身などのように皮をはいで食べるときは、皮に塩をかるく振ってカリッと焼きます。このまま食べてもいいし、細ねぎの刻んだものとポン酢で和えれば、最高のおつまみに。きゅうりとたくあんやお漬物のせん切りと炒りごまを合わせて、ポン酢で和えるのもいいですね。全ての魚の皮が使えるわけではありませんが、とてもおいしいのでぜひお試しいただきたいところ。

頭や骨などのアラは、だしを取るのに使います。魚によってはゼラチン質が溶け出て、煮凝りとなることも。お吸い物やスープ、お茶漬け、リゾット、雑炊、ブイヤベースなどに使えます。

魚のアラだし

魚のアラ３００gに塩を振って10分ほど置き、出てきた水分をさっと洗い流します。大鍋にたっぷりの湯を沸かし、火を止めてアラを入れ、すぐに引き上げて冷水にさらします。ここで血合いや汚れ、鱗を洗い流しましょう。鍋をざっと洗って昆布10㎝角1枚と1ℓの水を入れて火にかけ、沸騰する直前に昆布を取り出します。そこへ先ほどのアラを入れ、沸騰させないように10～15分、静かに煮ます。臭みが気になるときは、生姜や長ねぎを一緒に煮るとよいでしょう。すぐにキッチンタオルを敷いたザルに上げて漉します。これでだいたい、７００～８００㎖ほどのだしが取れます。塩で調味して、白髪ねぎを浮かせてスープにしてもおいしいですよ。

海鮮だし

魚のアラだけでなく、身を使った残りのエビの頭や殻でも同様に、旨みが凝縮した濃厚なだしが取れます。別名、アメリケーヌソース。ハサミで小さく切ってから冷凍庫にためておき、100gほどたまったら作りどき。炒めてから香味野菜やトマトと一緒に煮込み、冷凍保存しておけば、リゾット（p.4参照）やブイヤベースが作れます。少しの牛乳でのばしてから生クリームを加えれば、極上のビスクになりますよ。

材料（約200mℓ分）

・

エビの殻や頭（あればカニの殻も）
　…約100g
オリーブ油・にんにくオイル（p.56）
　…各小さじ1
玉ねぎ（みじん切り）…中1/3個
にんじん・セロリ（みじん切り）
　…各玉ねぎの半量
白ワイン（ブランデーでも可）…大さじ2
A
　トマトペースト…大さじ1
　トマトピュレ…200mℓ
　ローリエ…1枚
　塩…小さじ1/2
　胡椒…少々

1. 殻はなるべく小さく切る。
2. 鍋にオリーブ油とにんにくオイルを入れて火にかけ、香りが立ったら1を加え、つぶしながら炒める。全体の色が変わったら白ワインを加え、アルコールが飛んだら野菜を加え、玉ねぎに透明感が出るまで炒める。
3. Aを加えて弱火にし、蓋をして野菜が柔らかくなるまで10分ほど煮てから、蓋を外して水分が2割ほど減るまで煮詰める。
4. キッチンタオルなどを敷いたザルで漉す。

✓ 無駄にしない野菜の保存方法

野菜は買ってきたらすぐに下処理をしておくと、使うときがラクだし、新鮮なまま長持ちします。例えば根菜は、買うときにどこに陳列されているかを思い出して冷蔵と常温に分けましょう。れんこんは湿らせた紙に包むと長持ちします。玉ねぎは新玉ねぎ以外の皮が茶色いものは常温でＯＫ。大根やにんじん、長ねぎはポリ袋のままだと汗をかくので、うちでは新聞紙や紙で包んでいます。

　生姜は冷蔵することもありますが、常温で売られているものは寒さと乾燥に弱いようです。

葉物野菜

水洗いしてから、大きなタライなどに水を張り、根元から浸して水揚げをする。湿らせたキッチンタオルなどで根の部分を覆い、ポリ袋に入れ、なるべく立てて保存。1週間ほどはピンピンしているし、洗わずにすぐ使えて、水切りも必要なし。

もやし

袋のままで冷蔵庫に入れると、翌日には水分が出てべちゃっとしてしまうが、洗ってすぐに保存容器に水を入れ、浸けておくとしばらく新鮮な状態をキープできる。

ハーブ

湿らせたキッチンタオルで根元を包み、ファスナー付きポリ袋に入れ、冷蔵庫のポケットに洗濯バサミなどで吊るす。ペットボトルの上部に切り込みを入れて水を少し入れ、ハーブの根元を水に浸けた状態で冷蔵保管するのもおすすめ。

残り野菜のドライカレー

材料（2人分）

・

残り野菜（みじん切り）…200g

※玉ねぎ、にんじんは必須。ほかにセロリ、ズッキーニ、ナス、長ねぎ、きのこ類、パクチー、パセリなど

ひき肉（種類はなんでも可）…150g

にんにくオイル（p.56）…小さじ1

バター…15g

生姜（すりおろす）…小さじ1

A

- 小麦粉…小さじ2
- カレーパウダー…大さじ2
- スパイス…適量

  ※フェンネル、コリアンダー、クミン、シナモン、クローブ、唐辛子、ローリエなど

Bまたはトマト中1個（ざく切り）

- トマトペースト…大さじ1
- トマトピュレ…100㎖

ジャム…適量

※はちみつ、メープルシロップ、砂糖でも可

ウスターソース・塩…各適量

オリーブ油…適量

1. 鍋にオリーブ油を熱し、ひき肉を炒める。トマト以外の残り野菜を加えて炒め、しんなりしたらにんにくオイルと生姜を加え、香りが立ったらいったん取り出す。

2. フライパンをきれいに拭き、バターを入れて溶かし、Aを加え、ツヤが出るまで炒める。

3. Bと1を加えて混ぜ、2〜3分煮込む。ジャムとウスターソースと塩で味を調える。

大根葉の和炒飯

大根やかぶの葉も、捨てるなんてもったいない！ ふりかけにして保存しておくと、おにぎりや炒飯に便利です。作り方は簡単。細かく刻み、塩を振ってごま油で炒め、水分がなくなってきたら輪切り唐辛子と紹興酒を加え、アルコール分が飛んだら、みりんと醤油を同量ずつで調味するだけ。紹興酒のおかげで青臭さがなくなります。

炒飯にするときは、乾煎りした干しエビや、米油とにんにくオイル（p.56）で炒めたひき肉などと一緒に、かるく温めたご飯をほぐすように炒め、大根葉のふりかけを加えて混ぜ、醤油を鍋肌から加えて調味します。納豆を入れる場合は、ご飯を炒めたあとに加えて。味をみて足りなければ塩で調え、酒少々を振ってパラパラにほぐします。仕上げに炒りごまを振るのもおすすめ。

冷凍庫にはミニサイズの密閉容器を常にスタンバイ。おろしにんにくやおろし生姜、みょうがのせん切りなどの薬味が余ったらここに入れておくと、少量使いたいときに重宝する。

ちょっと残ったジャムを隠し味に

ジャムって瓶の底に少しだけ残ってしまうことがありませんか？　カビが生えてしまってはもったいないので、カレーや煮込み料理、炒めものなどの隠し味に使いましょう。砂糖より複雑な甘みなので、少しの量でも料理にぐっとコクが出ておいしくなります。

里芋の皮はセロリと合わせてきんぴらに

八百屋のおじさんが、「里芋の皮は揚げてチップスにするとおいしいよ」と教えてくれたことをきっかけに、これまで捨てていた里芋の皮を生かしてみようと思いつきました。うちでは、セロリと合わせてきんぴらにしています。セロリの香りと里芋の土っぽさが不思議と合うのです。酒と砂糖、醤油で調味し、あれば鷹の爪も加え、仕上げにみりんでツヤ出しをします。

肉を焼いたあとの脂や、ゆで汁も捨てません

牛肉でも豚肉でも鶏肉でも、下処理で取り除いた脂、スジ、皮などや焼いたときに出てくる脂は捨てずに取っておきます。ゆでたときも、冷ますと脂が上に浮いて固まるので、すくって保存します。冷凍しておくと、料理の風味付けやコク出しに重宝します。ゆで汁はスープに。

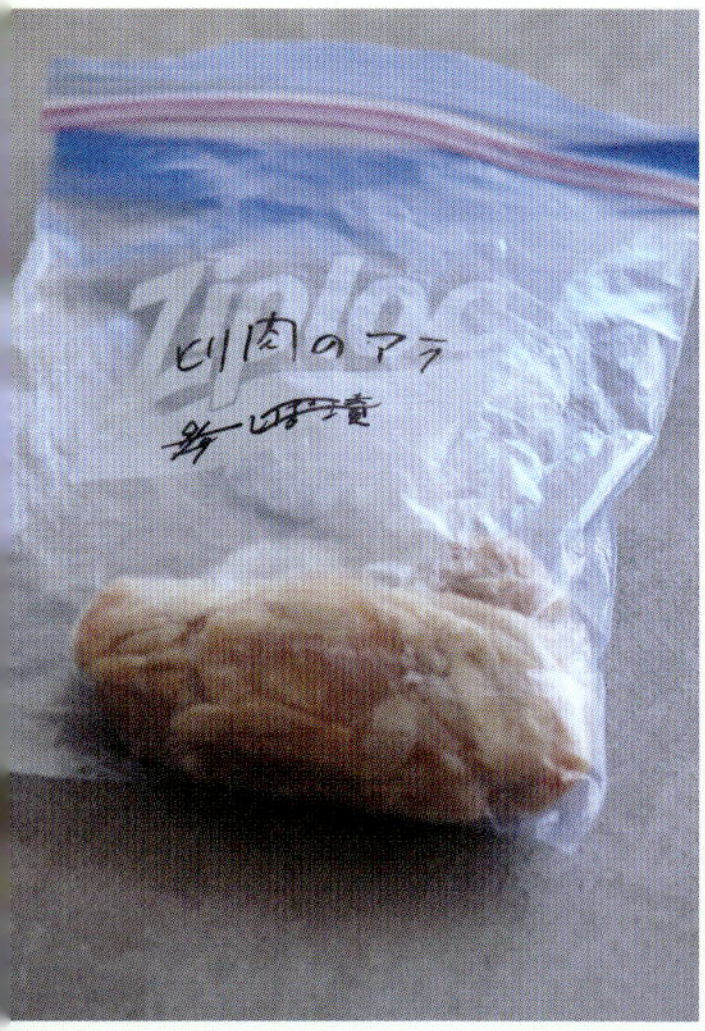

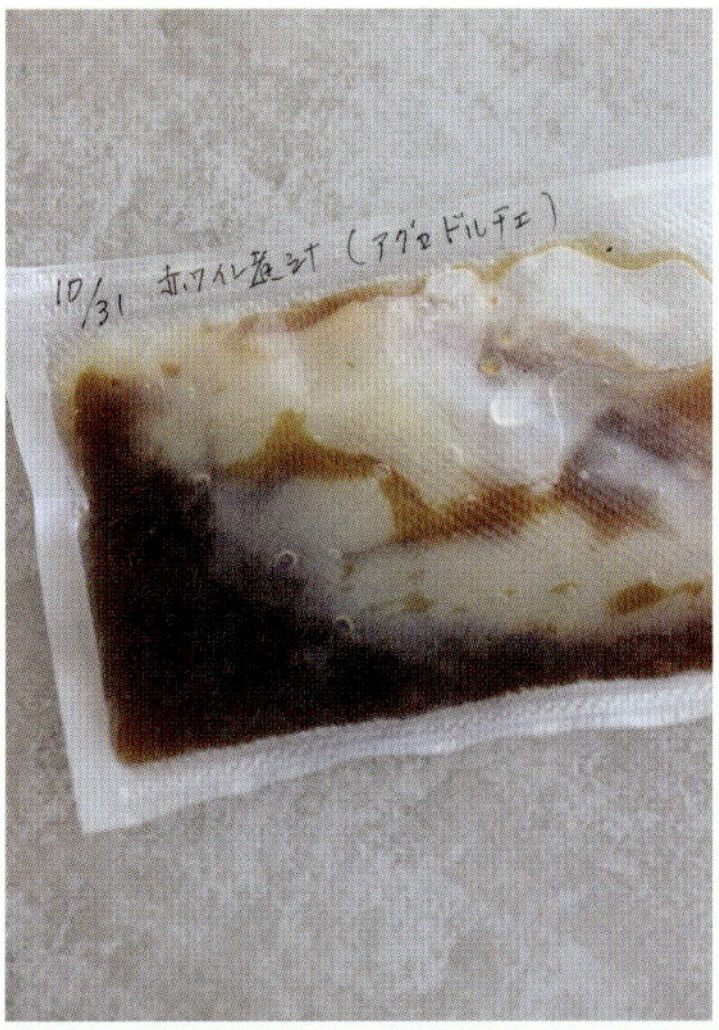

leikoga

シンプルな素材を隅々まで生かした「始末のよい料理」をコンセプトに、Instagramで日々のレシピを投稿。少ない材料で奥行きを楽しむ、身軽ながら豊かなおいしさの品々がたちまち話題に。Instagram：@leikoga

始《し》末《まつ》のよい料《りょう》理《り》

2025年2月19日　初版発行

著者　leikoga《レイコガ》
発行者　山下 直久
発行　株式会社KADOKAWA
〒102-8177　東京都千代田区富士見2-13-3
電話0570-002-301（ナビダイヤル）
印刷所　TOPPANクロレ株式会社
製本所　TOPPANクロレ株式会社

●お問い合わせ
https://www.kadokawa.co.jp/
（「お問い合わせ」へお進みください）
※内容によっては、お答えできない場合があります。
※サポートは日本国内のみとさせていただきます。
※Japanese text only

定価はカバーに表示してあります。

ISBN 978-4-04-684356-2　C0077